화엄경 독경본

7

화엄경 독경본 7

— 십회향품③ ~ 십회향품⑥ —

실차난타 한역 · 관허 수진 번역

온주사

봄 타고 화장세계 나들이

봄이 왔네요.

산자락 언덕에도 후미진 실계곡에도 봄이 왔네요.

얼음 사이 미소 띠고 흐르는 저 작은 목소리

버들강아지 눈개비 다칠라 숨죽여 흐르는 저 은빛 물소리

진정 봄이 왔나보다.

그래

내 마음에도 모든 사람들의 마음에도 화사한

봄이 왔으면 좋겠다.

영세에 사라지지 않는 봄이 왔으면 말이다.

봄

생각만 해도 가슴 여미는 계절이지요.

이 봄 따라 봄나들이 어떻습니까.

뒷동산 산자락 실계곡 아지랑이 따라

화엄경을 타고 화엄의 세상으로

수많은 진리의 꽃으로 장엄한 부처님 최초의 노래

화장세계 그 속으로 말입니다.

우리의 마음은 화가와 같다고 하였던가요.

하얀 종이 위에 화엄의 그림을

그려 보시지요.

내가 누구인가 자유롭게 그려 보시지요.

우납이 역주한 『청량국사 화엄경소초』 제9권에 화엄전기를 인용하여 말하기를,

수나라 혜오 스님은 매일같이 화엄경을 독송한 공덕으로 산신의 공양청을 받았고 일천 명 나한의 최고 상석에 자리하셨으며,

번현지樊玄智는 두순의 제자로 매일같이 화엄경을 독송하여 입안에 백과의 사리를 얻었고,

혜우 스님은 지엄의 제자로 매일같이 밤마다 향을 사르고 여래출현품을 독송함에 황금색신의 열 보살이 광명을 놓고 연꽃자리에 앉아 있다가 홀연히 사라지는 모습을 보았으며,

혹은 화엄경을 독송하고 서사함에 한겨울에도 접시꽃이 예쁘게 피어났고 상서로운 새들이 꽃을 물고 왔다 하였으며,

왕명관은 사구게송만 독송하고도 지옥에서 헤어나 인도에 환생하였다 하였으니 그 화엄경을 독송한 가피와 공덕은 이루 다 말할 수가 없습니다.

어떻습니까.

이 상서와 가피를 가슴에 그리며 봄나래 타고 화장세계 속으로 나와 모든 사람들이 평온으로 웃는 그날까지 여행을 떠나 보지 않으시겠습니까.

이 화엄경 독경본은 화장세계 여행 그 나들이를 위하여 세상에 나온 것입니다.

2022년 3월 6일

승학산 화장원에서 관허

십회향품③

불자여, 어떤 것이 보살마하살의 끝없는 공덕 창고의 회향이 되는가.

불자여, 이 보살마하살이 일체 모든 업의 무거운 장애를 참회하여 제멸하고 일으킨 바 선근과

삼세에 일체 부처님을 예경하고 일으킨 바 선근과

일체 모든 부처님께 설법하시기를 권하여 청하고 일으킨 바 선근과

부처님께서 설법하심을 듣고 정성으로 부지런히 닦아 익혀 사의할 수 없는 광대한 경계를 깨닫고 일으킨 바 선근과

과거 미래 지금에 일체 모든 부처님과 일체중생이 소유한 선근에 다 따라 기뻐함을 내고 일으킨 바

선근과

과거 미래 지금 세상에 일체 모든 부처님의 선근이 끝이 없음에 모든 보살대중이 정성으로 부지런히 닦아 익히고 얻은 바 선근과

삼세에 모든 부처님이 정등각을 이루어 바른 법륜을 전하여 중생을 조복함에 보살이 다 알아 따라 기뻐하는 마음을 내고 일으킨 바 선근과

삼세에 모든 부처님이 처음 발심함으로 좇아 보살의 행을 닦아 가장 수승한 정각을 이루며 내지 열반에 들어감을 시현하며 열반에 들어간 이후에 정법이 세상에 머물며 내지 법이 사라져 다하는 이와 같은 등에 다 따라 기뻐함을 내고 소유한 선근과

보살이 이와 같이 가히 말할 수 없는 부처님의 경계와 그리고 자기의 경계와 내지 보리의 장애 없는 경계를 생각하고 이와 같이 광대하고 한량없이 차별한 일체 선근에 무릇 쌓아 모은 바와 무릇 믿고

아는 바와 무릇 따라 기뻐한 바와 무릇 원만한 바와 무릇 성취한 바와 무릇 수행한 바와 무릇 얻은 바와 무릇 알아 깨달은 바와 무릇 섭수하여 가진 바와 무릇 증장한 바로 마치 과거 세상 끝없는 세월에 일체 세계에 일체 여래께서 행하시던 바 처소와 같나니

말하자면 한량도 없고 수도 없는 부처님의 세계종을 부처님의 지혜로 아는 바이며

보살이 아는 바이며

큰마음으로 받은 바인 장엄된 부처님의 세계입니다.

그 세계는 청정한 업행으로 유출한 바이고 이끌어낸 바이며

중생에 응하여 생기한 바이며

여래의 위신력으로 시현한 바이며

모든 부처님이 세상에 나오신 청정한 업으로 이룬 바이며

보현보살의 묘한 행으로 일으킨 바이니

일체 모든 부처님이 그 세계 가운데서 성도하여 가지가지 자재한 위신력을 시현하십니다.

미래 세계가 다하도록 계실 바 여래 응공 정등각이 두루 법계에 머물러 마땅히 불도를 이루고 마땅히 일체 청정하게 장엄한 공덕의 불토를 얻되 법계와 허공계가 다하도록 끝도 없고 한계도 없으며 끊어짐도 없고 다함도 없이 할 것이니

다 여래의 지혜로 좇아 생기한 바이며

한량없는 묘한 보배로 장엄한 바이니,

말하자면 일체 향으로 장엄한 것과

일체 꽃으로 장엄한 것과

일체 옷으로 장엄한 것과

일체 공덕 창고로 장엄한 것과
일체 모든 부처님의 힘으로 장엄한 것과
일체 부처님의 국토로 장엄한 것이니
여래께서 도읍하신 곳입니다.

가히 사의할 수 없는 세월에 함께 수행한 숙세의
인연 있는 모든 청정한 대중이 그 가운데 머물러
미래 세상 가운데 마땅히 정각을 이룰 것이니
　일체 모든 부처님께서 성취하신 바로 세상 사람들
은 볼 바가 아니고 보살의 청정한 눈이라야 이에
능히 비추어 볼 것입니다.

이 모든 보살이 큰 위덕을 갖추고 숙세에 선근을
심어 일체법이 환상과 같고 변화하는 줄 알며
널리 보살의 모든 청정한 업을 행하며
사의할 수 없는 자재한 삼매에 들어가며

선교방편으로 능히 불사를 지으며

부처님의 광명을 놓아 널리 세간을 비추되 끝이
없습니다.

현재 일체 모든 부처님 세존도 다 또한 이와 같이
세계를 장엄하시되 한량없는 형상과 한량없는 광명
의 색상이 다 이 공덕으로써 성취한 바이며

한량없는 향과 한량없는 보배와 한량없는 나무와
수없는 장엄과 수없는 궁전과 수없는 음성이 숙세에
인연인 모든 선지식을 따라 일체 공덕 장엄을 시현하
시되 다함이 없이 하나니

말하자면 일체 향으로 장엄한 것과

일체 꽃다발로 장엄한 것과

일체 가루향으로 장엄한 것과

일체 보배로 장엄한 것과

일체 번으로 장엄한 것과

일체 보배 비단 띠로 장엄한 것과

일체 보배 난간으로 장엄한 것과

아승지 황금 그물로 장엄한 것과

아승지 강으로 장엄한 것과

아승지 구름과 비로 장엄한 것과

아승지 음악으로 미묘한 소리를 연주하는 것입
니다.

이와 같은 등 한량도 없고 수도 없는 장엄구로
일체 모든 법계와 허공계에 시방의 한량없는 가지가
지 업으로 생기한 바와 부처님께서 요달하여 아신
바와 부처님께서 선설하신 바 일체 세계 그 가운데
있는 바 일체 부처님의 국토를 장엄하나니

말하자면 장엄한 부처님의 국토와

청정한 부처님의 국토와

평등한 부처님의 국토와

묘하고 좋은 부처님의 국토와

위덕이 있는 부처님의 국토와

광대한 부처님의 국토와

안락한 부처님의 국토와

가히 무너뜨릴 수 없는 부처님의 국토와

끝없는 부처님의 국토와

한량없는 부처님의 국토와

움직임이 없는 부처님의 국토와

두려움이 없는 부처님의 국토와

광명 나는 부처님의 국토와

어기거나 거역함이 없는 부처님의 국토와

가히 사랑하고 좋아하는 부처님의 국토와

널리 비추어 밝히는 부처님의 국토와

장엄이 좋은 부처님의 국토와

정미롭고 화려한 부처님의 국토와

교묘한 부처님의 국토와

제일가는 부처님의 국토와

수승한 부처님의 국토와

더욱 수승한 부처님의 국토와

가장 수승한 부처님의 국토와

지극히 수승한 부처님의 국토와

최상인 부처님의 국토와

더 이상 없는 부처님의 국토와

같을 수 없는 부처님의 국토와

비교할 수 없는 부처님의 국토와

비유할 수 없는 부처님의 국토입니다.

　　이와 같이 과거와 미래와 현재에 일체 부처님의
국토에 있는 바 장엄을 보살마하살이 자기의 선근으
로써 발심하여 회향하되 원컨대 이와 같이 과거와
미래와 현재에 일체 모든 부처님이 소유한 국토의
청정한 장엄으로써 다 한 세계에 장엄하기를 마치

저 일체 모든 부처님의 국토에 있는 바 장엄과 같이 다 성취하며

다 청정하게 하며 다 모으며

다 나타내며 다 장엄을 좋게 하며

다 머물러 가지게 하나니

한 세계와 같아서 이와 같이 모든 법계와 허공계와 일체 세계에도 다 또한 이와 같이 하여 삼세에 일체 모든 부처님의 국토에 가지가지 장엄을 다 구족할 것이다 하였습니다.

불자여, 보살마하살이 다시 선근으로써 이와 같이 회향하되 원컨대 내가 수행한 바 일체 부처님의 세계에 모든 큰 보살이 다 충만하지만 그 모든 보살이 체성이 진실하며 지혜가 통달하며

잘도 능히 일체 세계와 그리고 중생 세계를 분별하며

법계와 그리고 허공계에 깊이 들어가며

어리석음을 버리고 떠나며

염불을 성취하며

법이 진실하여 가히 사의할 수 없음을 생각하며

스님이 한량이 없어 널리 다 두루함을 생각하며

또한 버리는 것을 생각하며

진리의 태양이 원만하며

지혜의 광명이 널리 비치어 보는 것이 걸리는 바가 없으며

생기함을 얻을 것이 없음으로 좇아 모든 부처님의 법을 생기하며

수없이 수승하고 최상인 선근의 주인이 되며

더 이상 없는 보리의 마음을 발생하며

여래의 힘에 머물며 살바야에 나아가며

모든 마군의 업을 깨뜨리며

중생의 세계를 청정하게 하며

법성에 깊이 들어가 영원히 거꾸러짐을 떠나며
선근과 큰 서원이 다 헛되지 않게 하나니

이와 같은 보살이 그 국토에 충만하여 이와 같은 곳에 태어나며
이와 같은 공덕이 있으며
항상 불사를 지어 부처님의 보리를 얻으며
청정한 광명으로 법계의 지혜를 갖추며
신통의 힘을 나타내어 한 몸이 일체 법계에 충만하며
큰 지혜를 얻어 일체 지혜의 행할 바 경계에 들어가며
잘도 능히 한량도 없고 끝도 없는 법계의 문구와 뜻을 분별하며
일체 세계에 다 집착하는 바가 없지만 능히 일체 부처님의 국토에 널리 나타나며

마음이 허공과 같아서 의지하는 바가 없지만 능히 일체 법계를 분별하며

잘도 능히 가히 사의할 수 없는 깊고도 깊은 삼매에 들어가고 나오며

살바야에 나아가 모든 부처님의 세계에 머물며

모든 부처님의 힘을 얻어 아승지 법문을 개시하고 연설하되 두려워하는 바가 없으며

삼세에 모든 부처님의 선근을 따라 일체 여래의 법계를 널리 비추어 다 능히 일체 불법을 받아 가지며

아승지 모든 말의 법을 알아 가히 사의할 수 없는 차별한 음성을 잘도 능히 연설하여 내며

더 이상 없는 부처님의 자재한 지위에 들어가 시방의 일체 세계에 널리 유행하지만 걸림이 없으며

다툼도 없고 의지하는 바도 없는 법을 행하지만 분별하는 바가 없어서 보리의 마음을 닦아 익혀

더욱 광대하게 하며

선교의 지혜를 얻어 문구와 뜻을 잘 알아 능히 차례를 따라 개시하고 연설할 것이다 하였습니다.

원컨대 이와 같은 모든 큰 보살로 하여금 그 국토를 장엄하여 가득히 분포하고 따라 편안히 머물게 하여 훈수熏修하고 지극히 훈수하며

순정純淨하고 지극히 순정하며

염연恬然히 편안하고 고요하며

한 부처님의 세계에 한 방소를 따라 다 이와 같이 수도 없고 한량도 없고 끝도 없고 같을 수도 없으며

가히 헤아릴 수도 없고 가히 이름할 수도 없으며

가히 생각할 수도 없고 가히 요량할 수도 없으며

가히 말할 수도 없고 가히 말할 수도 없고 가히 말할 수도 없는 모든 보살이 있어서 두루 가득하며

한 방소와 같이 일체 방소에도 또한 다시 이와

같으며

한 부처님의 세계와 같이 온 허공계와 모든 법계에 일체 부처님의 세계에도 다 또한 이와 같이 할 것이다 하였습니다.

불자여, 보살마하살이 모든 선근으로써 방편으로 일체 부처님의 세계에 회향하며

방편으로 일체 보살에게 회향하며

방편으로 일체 여래에게 회향하며

방편으로 일체 부처님의 보리에 회향하며

방편으로 일체 광대한 서원에 회향하며

방편으로 일체 벗어나는 중요한 도에 회향하며

방편으로 일체중생의 세계를 청정케 함에 회향하며

방편으로 일체 세계에 항상 모든 부처님이 세상에 출흥하심을 봄에 회향하며

방편으로 항상 여래의 수명이 한량이 없음을 봄에 회향하며

방편으로 항상 모든 부처님이 법계에 두루하여 장애가 없고 물러나지 않는 법륜을 전하심을 봄에 회향합니다.

불자여, 보살마하살이 모든 선근으로써 이와 같이 회향할 때에 널리 일체 부처님의 국토에 들어가는 까닭으로 일체 부처님의 세계가 다 청정하며

널리 일체중생의 세계에 이르는 까닭으로 일체 보살이 다 청정하며

널리 일체 모든 부처님의 국토에 부처님이 출흥하시기를 서원하는 까닭으로 일체 법계에 일체 부처님의 국토에 모든 여래의 몸이 초연히 출현하였습니다.

불자여, 보살마하살이 이와 같은 등 비교할 수

없는 회향으로써 살바야에 나아가 그 마음이 광대한 것이 비유하자면 허공과 같아 한량이 없고 사의할 수 없는 곳에 들어가며

일체 업과 그리고 과보가 다 적멸한 줄 알며

마음이 항상 평등하고 끝이 없어서 널리 능히 일체 법계에 두루 들어갑니다.

불자여, 보살마하살이 이와 같이 회향할 때에 아와 그리고 아소를 분별하지 않으며

부처님과 그리고 부처님의 법을 분별하지 않으며

세계와 그리고 세계를 장엄하여 청정하게 하는 것을 분별하지 않으며

중생과 그리고 중생을 조복하는 것을 분별하지 않으며

업과 그리고 업의 과보를 분별하지 않으며

생각과 그리고 생각으로 생기하는 바에 집착하지

않으며

원인도 무너뜨리지 않고 결과도 무너뜨리지 않으며

사실도 취하지 않고 법도 취하지 않으며

생사가 분별이 있다고도 말하지 않고 열반이 항상 고요하다고도 말하지 않으며

여래가 부처님의 경계를 증득했다고도 말하지 않고 적은 법도 법으로 더불어 함께 그치게 한 적도 없습니다.

불자여, 보살마하살이 이와 같이 회향할 때에 모든 선근으로써 널리 중생에게 보시하여 결정코 성숙케 하며

평등하게 교화하며

중생의 모습이 없으며

교화할 인연이 없으며

근성을 청량하지 아니하며

허망한 생각이 없으며

일체 분별과 취착을 멀리 떠났습니다.

보살마하살이 이와 같이 회향한 이후에 끝없는

선근을 얻나니

말하자면 삼세에 일체 모든 부처님을 생각한 까닭

으로 끝없는 선근을 얻으며

일체 보살을 생각한 까닭으로 끝없는 선근을 얻

으며

모든 부처님의 세계를 청정히 한 까닭으로 끝없는

선근을 얻으며

일체중생의 세계를 청정히 한 까닭으로 끝없는

선근을 얻으며

법계에 깊이 들어간 까닭으로 끝없는 선근을 얻

으며

한량없는 마음을 닦아 허공의 세계와 같이 한 까닭으로 끝없는 선근을 얻으며

일체 부처님의 경계를 깊이 안 까닭으로 끝없는 선근을 얻으며

보살의 업을 부지런히 닦아 익힌 까닭으로 끝없는 선근을 얻으며 삼세를 요달한 까닭으로 끝없는 선근을 얻습니다.

불자여, 보살마하살이 일체 선근으로써 이와 같이 회향할 때에 일체중생의 세계가 중생이 없는 줄 알며

일체법이 수명이 없는 줄 알며

일체법이 짓는 이가 없는 줄 알며

일체법이 보특가라가 없는 줄 깨달으며

일체법이 분쟁이 없는 줄 알며

일체법이 다 인연으로 좇아 생기하여 머무는 곳이

없는 줄 관찰하며

　일체 만물이 다 의지하는 바가 없는 줄 알며

　일체 세계가 다 머무는 바가 없는 줄 알며

　일체 보살의 행이 또한 처소가 없는 줄 관찰하며

　일체 경계가 다 있는 바가 없는 줄 봅니다.

　불자여, 보살마하살이 이와 같이 회향할 때에 눈
이 끝내 청정하지 못한 부처님의 세계를 보지 아니
하며

　또한 다시 다른 모습의 중생을 보지 아니하며

　적은 법도 지혜로 들어갈 바가 되지 못하고 또한
적은 지혜도 법에 들어갈 바가 되지 못하며

　여래의 몸이 허공과 같지 아니한 줄 아나니

　일체 공덕과 한량없는 묘법이 원만한 바인 까닭
이며

　일체 처소에 모든 중생으로 하여금 선근을 쌓아

모아 다 충족케 하는 까닭입니다.

　불자여, 이 보살마하살이 생각생각 가운데 가히
말할 수 없고 가히 말할 수 없는 십력의 지위를
얻으며

　일체 복덕을 구족하고 청정한 선근을 성취하여
일체중생의 복밭이 되며

　이 보살마하살이 마음과 같이 되는 마니 공덕
창고를 성취하여 수구하는 바가 있음을 따라 일체
즐길 도구를 다 얻게 하는 까닭이며

　유행하는 바 방소를 따라서 다 능히 일체 국토를
장엄하여 청정케 하며

　유행하는 바 처소를 따라서 가히 말할 수 없고
가히 말할 수 없는 중생으로 하여금 다 청정케 하여
복덕을 섭취하고 모든 행을 닦아 다스리게 하는
까닭입니다.

불자여, 보살마하살이 이와 같이 회향할 때에 일체 보살행을 닦아 복덕이 수승하고 색상이 비교할 데가 없으며

위신력과 광명이 모든 세간을 초월하여 마왕과 그리고 마민들이 능히 엿보아 상대하지 못하며

선근을 구족하고 큰 서원을 성취하며

그 마음이 더욱 넓어 일체 지혜와 같아서 한 생각 가운데 다 능히 한량없는 부처님의 세계에 두루하며

지혜의 힘이 한량이 없어서 일체 모든 부처님의 경계를 요달하며

일체 부처님께 깊은 믿음과 지해(解)를 얻어 끝없는 지혜에 머물며

보리심의 힘이 광대하기가 법계와 같고 그 끝이 허공과 같나니

불자여, 이것이 이름이 보살마하살의 제 다섯 번째 끝없는 공덕 창고의 회향이 되는 것입니다.

보살마하살이 이 회향에 머물러 열 가지 끝없는 창고를 얻나니

어떤 등이 열 가지가 되는가.

말하자면 부처님을 친견하는 끝없는 창고를 얻어 한 털구멍 가운데 아승지 모든 부처님이 세상에 출흥하심을 보는 까닭이며

법에 들어가는 끝없는 창고를 얻어 부처님의 지혜의 힘으로써 일체법이 다 한 법에 들어감을 관찰하는 까닭이며

기억하여 가지는 끝없는 창고를 얻어 일체 부처님이 설하신 바 법을 받아 가져 잊지 않는 까닭이며

결정한 지혜의 끝없는 창고를 얻어 일체 부처님이 설하신 바 법의 비밀한 방편을 잘 아는 까닭이며

의취義趣를 아는 끝없는 창고를 얻어 모든 법에 이취理趣의 한계를 잘 아는 까닭이며

끝없이 깨달아 아는 끝없는 창고를 얻어 허공과

같은 지혜로써 삼세의 일체법을 통달하는 까닭이며

복덕이 끝이 없는 창고를 얻어 일체중생의 뜻에 충만케 하여도 가히 다할 수 없는 까닭이며

용맹스런 지혜로 깨닫는 끝없는 창고를 얻어 다 능히 일체중생의 어리석은 병을 제거하여 소멸하는 까닭이며

결정한 변재의 끝없는 창고를 얻어 일체 부처님의 평등한 법을 연설하여 모든 중생으로 하여금 다 알게 하는 까닭이며

열 가지 힘과 네 가지 두려움이 없는 끝없는 창고를 얻어 일체 보살의 행하는 바를 구족하여 때가 없는 비단으로 그 이마에 매고 걸림이 없는 일체 지혜에 이르는 까닭이니

이것이 열 가지가 되는 것입니다.

불자여, 보살마하살이 일체 선근으로써 회향할 때에 이 열 가지 끝없는 창고를 얻습니다.

그때에 금강당보살이 시방을 관찰하고 게송을
설하여 말하기를

보살이 깊은 마음에 힘을 성취하여
널리 모든 법에 자재함을 얻으며
그 보살이 권하여 청하고 따라 기뻐한 복덕으로
걸림 없는 방편으로 잘 회향합니다.

삼세에 있는 바 모든 여래가
부처님의 세계를 장엄하고 청정케 하여 세간에 두루
하고
있는 바 공덕을 갖추지 아니함이 없기에
청정한 세계에 회향하는 것도 또한 이와 같이 합니다.

삼세에 있는 바 모든 불법을
보살이 다 자세히 사유하고

마음으로 섭취하여 남김없이 하여
이와 같이 모든 부처님의 세계를 장엄합니다.

삼세에 있는 바 세월(劫)이 다하도록
한 부처님의 세계에 모든 공덕을 찬탄할지라도
삼세에 모든 세월은 오히려 가히 다하거니와
부처님의 세계에 공덕은 다할 수 없습니다.

이와 같은 일체 모든 부처님의 세계를
보살이 다 보아 남김없이 하여
한꺼번에 한 부처님의 국토를 장엄하고
일체 부처님의 국토도 다 이와 같이 합니다.

모든 불자가 있어 마음이 청정한 것이
다 여래의 법으로 좇아 화생한 것이며
일체 공덕으로 마음을 장엄한 것이

일체 부처님의 세계에 다 충만합니다.

저 모든 보살이 다
한량없는 상호장엄신을 구족하고
변재로 연설하는 것이 세간에 두루하나니
비유하자면 큰 바다가 끝이 없는 것과 같습니다.

보살이 모든 삼매에 편안히 머물러
일체 행할 바를 다 구족하고
그 마음이 청정하여 더불어 같을 이가 없으며
광명이 시방세계를 널리 비춥니다.

이와 같이 남김없이 모든 부처님의 세계에
이 모든 보살이 다 충만하지만
일찍이 성문의 수레도 기억하여 생각한 적이 없으며
또한 다시 연각의 도道도 구한 적이 없습니다.

보살이 이와 같이 마음이 청정하여
선근으로 모든 중생에게 회향하되
널리 그 중생으로 하여금 정도를 성취하여
모든 불법을 갖추어 알게 하고자 합니다.

시방에 있는 바 수많은 마군과 원수를
보살의 위신력으로 다 꺾어 깨뜨리니
용맹한 지혜를 능히 이길 자 없어
결정코 구경의 법을 수행합니다.

보살이 이 큰 서원의 힘으로써
소유한 회향이 머무름도 걸림도 없어
끝없는 공덕의 창고에 들어가나니
과거 미래 현재에 항상 끝이 없이 합니다.

보살은 모든 행의 법을 잘 관찰하여

그 자성이 자재하지 아니한 줄 요달하며
이미 모든 법의 자성이 이와 같은 줄 알았기에
허망하게 업과 그리고 과보를 취하지 않습니다.

색법도 없고 무색법도 없으며
또한 유상도 없고 무상도 없으며
유법도 무법도 다 없어서
일체 얻을 바가 없는 줄 압니다.

일체 모든 법이 인연으로 생기하여
자체성이 있지도 않고 또한 없지도 않나니
인연과 그리고 생기하는 바에
필경 그 가운데 취함도 집착함도 없습니다.

일체중생의 언어의 처소에
그 가운데 필경 얻을 바가 없나니

이름과 모습이 다 분별임을 알고
모든 법이 다 내가 없는 줄 분명하게 압니다.

중생의 자성이 본래 고요한 것과 같이
일체법도 이와 같이 알아야 할 것이니
삼세에 섭수하는 바가 남김없이
세계와 그리고 모든 업이 다 평등합니다.

이와 같은 지혜로 회향하며
그 깨달아 앎을 따라 복업이 생기하지만
이 모든 복의 모습도 또한 깨달아 앎과 같거니
어찌 다시 그 가운데 가히 얻을 것이 있겠습니까.

이와 같이 회향함에 마음이 때가 없어서
영원히 모든 법성을 칭량할 수 없나니
그 법성이 다 자성이 없는 줄 요달하여

세간에 머물지도 않고 또한 벗어나지도 않습니다.

일체 수행한 바 수많은 선업을
다 모든 중생에게 회향하되
그 진성을 요달하지 아니함이 없어서
소유한 분별을 다 제멸하여 보냅니다.

소유한 일체 허망한 소견을
다 버려 남김없이 하고
모든 번뇌를 떠나 항상 청량하여
해탈의 걸림 없는 지위에 머뭅니다.

보살은 일체법을 무너뜨리지 않으며
또한 모든 법의 자성을 무너뜨리지 않고
모든 법이 마치 메아리와 같은 줄 알아
다 일체법에 집착하는 바가 없습니다.

삼세에 모든 중생이
다 인연으로 좇아 화합하여 생기한 줄 알며
또한 마음에 욕락과 그리고 습기를 알지만
일찍이 일체법을 무너뜨리지 않았습니다.

업의 자성이 이 업이 아닌 줄 요달하지만
또한 모든 법의 모습을 어기지 아니하며
또 또한 업의 과보를 무너뜨리지 않지만
모든 법의 자성은 인연으로 좇아 생기한다 설합니다.

중생이 가히 생기한 적이 없으며
또한 중생이 가히 유전한 적이 없는 줄 알기에
진실로 중생이라 가히 말할 것이 없지만
다만 세속을 의지하여 거짓으로 설하여 보인 것입
니다.

불자여, 어떤 것이 보살마하살의 견고한 일체 선근을 수순하는 회향이 되는가.

불자여, 이 보살마하살이 혹 제왕이 되어 큰 나라를 다스리면 위덕이 널리 덮고 명성이 천하를 진동하여 무릇 모든 원적이 귀순하지 아니함이 없으며

호령하고 명령함에 다 정법을 의지하며

한 개의 일산을 가져 만방을 덮으며

온 나라를 두루 다니되 향하는 곳마다 걸림이 없으며

때가 없는 비단으로 그 이마를 매며

법에 자재하여 보는 사람이 다 복종하며

형벌을 주지 않아도 덕에 감복하여 교화를 따르며

네 가지 섭수하는 법으로 모든 중생을 섭수하며

전륜왕이 되어 모든 것을 두루 나누어줍니다.

보살마하살이 이와 같이 자재한 공덕에 편안히

머무름에 큰 권속이 있어 가히 무너뜨릴 수 없으며

　수많은 허물을 떠나 보는 이가 싫어함이 없으며

　복덕으로 장엄하여 상호가 원만하고 형체와 사지
를 고루 구족하며

　나라연과 같은 견고한 몸을 얻으며

　큰 힘을 성취하여 능히 굴복시킬 자가 없으며

　청정한 업을 얻으며

　모든 업장을 떠나며

　일체 보시를 갖추어 수행하되 혹은 마시는 것과
먹는 것과 그리고 모든 것에 최고가는 맛을 보시하며

　혹은 수레(車)와 병차(乘)를 보시하며

　혹은 상의上衣와 하복下服을 보시하며

　혹은 꽃다발을 보시하며

　여러 가지 향과 바르는 향과 평상과 방사와 그리고
머무는 바 처소와 가장 묘한 등불과 병에 인연되는

탕약과 보배 그릇과 보배 수레와 잘 조련된 코끼리와 말을 다 장엄하고 꾸며 환희심으로 보시하며

혹은 왕이 거처하는 바 자리와 보배 일산과 일산과 당기 번기와 보물과 모든 장엄구와 머리 위에 보배관과 육계 가운데 밝은 구슬과 내지 왕의 지위를 와서 구걸하는 사람이 있을지라도 다 아끼는 바가 없으며

만약 어떤 중생이 감옥 가운데 있음을 본다면 모든 재물과 보배와 처자와 권속을 버리고 내지 몸으로써 저 중생을 구하여 하여금 탈출하게 하며

만약 감옥에 죄수가 장차 죽임을 당하고자 한다면 곧 그 몸을 버려 저 죄수의 목숨을 대신하며

혹은 피부와 연이은 정상에 머리카락을 와서 구걸하는 사람을 볼지라도 환희로 보시하여 또한 아끼는 바가 없고 눈과 귀와 코와 혀와 그리고 어금니와 이와 머리와 이마와 손과 발과 피와 살과 뼈와 골수와 심장과 신장과 간장과 폐장과 대장과 소장과 두터운

가죽과 엷은 가죽과 모든 손가락과 발가락과 살결과 연이은 손톱을 환희심으로 다 보시하며

혹은 일찍이 있어 본 적이 없는 법을 청구하기 위하여 몸을 던져 깊고 큰 불구덩이에 떨어지며

혹은 여래의 정법을 보호하여 가지기 위하여 몸으로 일체 괴로움과 아픔을 참아 받으며

혹은 법을 구하되 내지 한 글자를 위하여도 다 능히 사해四海 안에 일체 소유한 것을 두루 버리며

항상 정법으로써 중생을 교화하고 인도하여 하여금 선행을 닦아 모든 악행을 버리고 떠나게 하며

만약 어떤 중생이 다른 사람의 형체를 손해하고 무너뜨린다면 자비한 마음으로 그 사람을 구제하여 하여금 죄업을 버리게 하며

만약 여래가 가장 바른 깨달음을 성취하신 것을 본다면 칭양하고 찬탄하여 널리 하여금 듣고 알게 하며

혹은 땅을 보시하여 스님들의 절과 방사와 전당殿堂을 지어 머무는 곳으로 삼고 그리고 남녀의 시종을 주어 받들어 섬기고 일을 하게 하며

혹은 자기 몸으로써 와서 구걸하는 사람에게 보시하며

혹은 부처님께 보시하되 법을 구하기 위한 까닭으로 환희하여 뛰고 중생을 구하기 위한 까닭으로 받들어 섬기고 공양하며

혹은 왕의 자리와 고을과 마을과 부락과 궁궐과 어전과 동신과 숲과 아내와 자식과 권속을 희사하되 구걸하는 바를 따라서 다 그들의 서원을 만족케 하며

혹은 일체 삶을 도우는 물건을 희사하여 막음이 없는 큰 시회施會를 널리 베풉니다.

그 가운데 중생의 가지가지 복전이 혹 먼 곳으로

좇아오거나 혹 가까운 곳으로 좇아오거나

　혹 어질거나 혹 어리석거나

　혹 아름답거나 혹 추하거나

　혹 남자거나 혹 여자거나

　사람이거나 더불어 사람이 아닌 이들의 마음과 행이 같지 않고 구하는 바가 각각 다를지라도 평등하게 다 보시하여 다 하여금 만족케 합니다.

　불자여, 보살마하살이 이와 같이 보시할 때에 잘 섭수하는 마음을 일으켜 다 회향하나니

　말하자면 색을 잘 섭수하여 견고한 일체 신근을 수순하며

　수상행식을 잘 섭수하여 견고한 일체 선근을 수순하며

　왕의 지위를 잘 섭수하여 견고한 일체 선근을 수순하며

권속을 잘 섭수하여 견고한 일체 선근을 수순하며

삶을 도우는 기구를 잘 섭수하여 견고한 일체 선근을 수순하며

은혜로운 보시를 잘 섭수하여 견고한 일체 선근을 수순합니다.

불자여, 보살마하살이 보시할 바 물건이 한량도 없고 끝도 없음을 따라 저 선근으로써 이와 같이 회향하나니

말하자면 가장 묘한 음식으로써 중생에게 보시할 때에 그 마음이 청정하여 보시할 바 물건에 탐욕도 없고 집착도 없으며

애써 아끼는 바도 없어서 갖추어 보시를 행하되 원컨대 일체중생이 지혜의 음식을 얻어 마음에 장애가 없고 음식의 자성을 알며

탐욕도 집착하는 바도 없어 다만 법희식과 출리식

出離食만을 좋아하며

지혜가 충만하여 법으로써 굳게 머물고 선근을 섭취하고 법신과 지신智身이 청정하게 유행하며

중생을 어여삐 여겨 복전을 지어 현재 단식搏食을 받게 할 것이다 하나니

이것이 보살마하살이 음식을 보시할 때에 선근으로 회향하는 것이 됩니다.

불자여, 보살마하살이 만약 마실 것을 보시할 때에 이 선근으로써 이와 같이 회향하나니

말하자면 원컨대 일체중생이 법미法昧의 물을 마시고 정성 다해 부지런히 닦아 익혀 보살의 도를 갖추며

세상의 갈애를 끊고 항상 부처님의 지혜를 구하여 욕망의 경계를 버리며

법희의 즐거움을 얻고 청정한 법을 좇아 그 몸을

생기하며 항상 삼매로써 그 마음을 조복하여 섭수하며

　지혜의 바다에 들어가 큰 진리의 구름을 일으키고 큰 진리의 비를 내리게 할 것이다 하나니

　이것이 보살마하살이 마실 것을 보시할 때에 선근으로 회향하는 것이 됩니다.

　불자여, 보살마하살이 가지가지 청정한 맛을 보시하나니,

　말하자면 맵고 시고 짜고 싱거운 것과 그리고 달고 쓴 가지가지 모든 맛이 윤택하고 구족하여 능히 사대로 하여금 안은하고 고르고 화평하여 기체 肌體가 넘쳐나고 기력이 강하고 씩씩하게 하며

　그 마음이 청정하여 항상 환희함을 얻게 하며

　삼키고 씹을 때에 기침도 하지 않고 구역질도 하지 않게 하며

육근이 밝고 영리하게 하며

내장이 충실하여 독이 능히 침범하지 못하고 병이 능히 상하지 못하게 하며

시종 근심이 없어서 영원히 안락케 합니다.

이 선근으로써 이와 같이 회향하나니,

말하자면 일체중생이 최상의 맛을 얻어 감로가 충만하기를 서원하며

일체중생이 법지法智의 맛을 얻어 일체 모든 맛에 업의 작용을 요달하여 알기를 서원하며

일체중생이 한량없는 법의 맛을 얻어 법계를 요달하여 실제의 큰 법성 가운데 편안히 머물기를 서원하며

일체중생이 큰 법의 구름을 만들어 법계에 두루하고 널리 법의 비를 내려 일체중생을 교화하고 조복하기를 서원하며

일체중생이 수승한 지혜의 맛을 얻어 더 이상 없는 법의 환희가 몸과 마음에 충만하기를 서원하며

일체중생이 탐착이 없는 일체 최상의 맛을 얻어 세간의 일체 모든 맛에 물들지 않고 항상 일체 불법을 부지런히 닦아 익히기를 서원하며

일체중생이 한 법의 맛을 얻어 모든 불법이 다 차별이 없는 줄 요달하기를 서원하며

일체중생이 가장 수승한 맛을 얻어 일체 지혜에 올라 끝내 물러남이 없기를 서원하며

일체중생이 모든 부처님의 다름이 없는 법의 맛에 들어감을 얻어 다 능히 일체 모든 근성을 분별하기를 서원하며

일체중생이 법의 맛이 더욱 증장하여 항상 걸림이 없는 불법에 만족함을 얻기를 서원합니다.

이것이 보살마하살이 맛을 보시할 때에 선근으로

회향하는 것이 되나니

　일체중생으로 하여금 부지런히 복덕을 닦아 다 걸림 없는 지혜의 몸을 구족하게 하는 까닭입니다.

　불자여, 보살마하살이 수레를 보시할 때에 모든 선근으로써 회향하나니,

　말하자면 원컨대 일체중생이 다 일체 지혜를 구족하는 수레를 얻어 큰 수레와 가히 무너뜨릴 수 없는 수레와 가장 수승한 수레와 최상의 수레와 빠른 수레와 큰 힘의 수레와 복덕을 구족한 수레와 세간의 벗어난 수레와 한량없는 모든 보살을 출생하는 수레를 타게 할 것이다 하나니

　이것이 보살마하살이 수레를 보시할 때에 선근으로 회향하는 것이 됩니다.

　불자여, 보살마하살이 옷을 보시할 때에 모든 선

근으로써 이와 같이 회향하나니,

말하자면 원컨대 일체중생이 부끄러움의 옷을 얻어 그 몸을 덮고 사도의 형체를 드러내는 악법을 버리며

얼굴색이 윤택하고 피부가 섬세하고 부드러우며

모든 부처님의 제일가는 즐거움을 성취하며

가장 청정한 일체 종지를 얻게 할 것이다 하나니

이것이 보살마하살이 옷을 보시할 때에 선근으로 회향하는 것이 됩니다.

불자여, 보살마하살이 항상 가지가지 유명한 꽃으로써 보시하나니,

말하자면 미묘한 향기가 나는 꽃과 가지가지 색상의 꽃과 한량없이 기묘한 꽃과 보기 좋은 꽃과 가히 기뻐하고 좋아할 만한 꽃과 일체 시에 피는 꽃과 하늘의 꽃과 사람의 꽃과 세상에 진기하고 좋아하

는 바 꽃과 매우 향기롭고 마음을 기쁘게 하는 꽃입니다.

이와 같은 등 한량없이 묘한 꽃으로써 일체 현재의 모든 부처님과 그리고 부처님이 열반하신 뒤에 있는 바 탑묘에 공양하며 혹은 설법하는 사람에게 공양하며 혹은 비구 승보와 일체 보살과 모든 선지식과 성문과 독각과 부모와 종친과 아래로 자신과 그리고 나머지 일체 가난하고 외로운 사람에게 이르기까지 공양하여 보시할 때에 모든 선근으로써 이와 같이 회향하나니,

말하자면 일체중생이 다 모든 부처님의 삼매에 꽃을 얻어 다 능히 일체 모든 법을 피게 하기를 서원하며

일체중생이 다 부처님과 같음을 얻어 보는 사람이 환희하여 마음에 싫어하거나 만족함이 없기를 서원

하며

　일체중생의 소견이 협당함을 따라 마음이 움직이
거나 산란하지 않기를 서원하며

　일체중생이 광대하고 청정한 업을 갖추어 행하기
를 서원하며

　일체중생이 항상 선지식을 생각하여 마음에 이변
이 없기를 서원하며

　일체중생이 아가타약과 같이 능히 일체 번뇌의
수많은 독을 제거하기를 서원하며

　일체중생이 큰 서원을 성만하여 다 더 이상 없는
지혜의 왕이 됨을 얻기를 서원하며

　일체중생이 지혜의 태양 광명으로 어리석음의
어둠을 깨뜨리기를 서원하며

　일체중생이 보리의 청정한 달이 증장하여 만족하
기를 서원하며

　일체중생이 큰 보배 섬에 들어가서 선지식을 친견

하고 일체 선근을 구족하게 성취하기를 서원하는 것입니다.

이것이 보살마하살이 꽃을 보시할 때에 선근으로 회향하는 것이 되나니

중생으로 하여금 다 청정하여 걸림이 없는 지혜를 얻게 하기 위한 까닭입니다.

불자여, 보살마하살이 꽃다발을 보시할 때에 모든 선근으로써 이와 같이 회향하나니,

말하자면 원컨대 일체중생이 사람들이 좋아하는 바를 봄에 보는 사람이 흠모하고 찬탄하며

보는 사람이 친히 좋아하며

보는 사람이 사랑하고 즐거워하며

보는 사람이 갈망하여 우러러보며

보는 사람이 근심을 제거하며

보는 사람이 기쁨을 생기하며

보는 사람이 악을 떠나며

보는 사람이 항상 부처님을 친근함을 얻으며

보는 사람이 청정하여 일체 지혜를 얻게 할 것이다 하나니

이것이 보살마하살이 꽃다발을 보시할 때에 선근으로 회향하는 것이 됩니다.

불자여, 보살마하살이 향을 보시할 때 모든 선근으로써 이와 같이 회향하나니

말하자면 일체중생이 계향을 구족하여 깨어지지 않는 계와 뒤섞이지 않는 계와 오염되지 않는 계와 후회함이 없는 계와 얽매임을 떠난 계와 열뇌가 없는 계와 범함이 없는 계와 끝이 없는 계와 출세간의 계와 보살의 바라밀계를 얻기를 서원하며

일체중생이 계를 구족한 까닭으로 다 모든 부처님

의 계의 몸을 성취함을 얻기를 서원하는 것입니다.

　이것이 보살마하살이 향을 보시할 때에 선근으로 회향하는 것이 되나니 중생으로 하여금 다 원만하고 걸림이 없는 계의 뭉치를 얻게 하기 위한 까닭입니다.

　불자여, 보살마하살이 바르는 향을 보시할 때에 모든 선근으로써 이와 같이 회향하나니
　말하자면 일체중생이 보시의 향을 널리 훈발하여 다 능히 일체 소유한 것을 은혜롭게 버리기를 서원하며
　일체중생이 계의 향을 널리 훈발하여 여래의 구경에 청정한 계를 얻기를 서원하며
　일체중생이 인욕의 향을 널리 훈발하여 일체 험악하고 해치는 마음을 떠나기를 서원하며

일체중생이 정진의 향을 널리 훈발하여 항상 대승 정진의 갑옷을 입기를 서원하며

일체중생이 선정의 향을 널리 훈발하여 모든 부처 님이 앞에 나타나는 삼매에 편안히 머물기를 서원 하며

일체중생이 지혜의 향을 널리 훈발하여 한 생각에 더 이상 없는 지혜의 왕을 이룸을 얻기를 서원하며

일체중생이 법의 향을 널리 훈발하여 더 이상 없는 법에 두려워하는 바가 없기를 서원하며

일체중생이 공덕의 향을 닐리 훈발하여 일체 큰 공덕의 지혜를 성취하기를 서원하며

일체중생이 보리의 향을 널리 훈발하여 부처님의 열 가지 힘을 얻어 피안에 이르기를 서원하며

일체중생이 청정하고 맑은 법의 묘한 향을 널리 훈발하여 일체 선하지 않는 법을 영원히 제멸하기를 서원하는 것입니다.

이것이 보살마하살이 바르는 향을 보시할 때에 선근으로 회향하는 것이 됩니다.

불자여, 보살마하살이 평상을 보시할 때에 모든 선근으로써 이와 같이 회향하나니

말하자면 일체중생이 모든 하늘의 평상을 얻어 큰 지혜를 증득하기를 서원하며

일체중생이 현인과 성인의 평상을 얻어 범부의 뜻을 버리고 보리의 마음에 머물기를 서원하며

일체중생이 안락한 평상을 얻어 영원히 일체 나고 죽음의 고뇌를 떠나기를 서원하며

일체중생이 구경의 평상을 얻어 모든 부처님의 자재한 신통을 봄을 얻기를 서원하며

일체중생이 평등한 평상을 얻어 항상 널리 일체 선한 법을 훈수하기를 서원하며

일체중생이 가장 수승한 평상을 얻어 청정한 업을

갖추어 세상에 더불어 같을 이가 없기를 서원하며

일체중생이 안은한 평상을 얻어 진실한 법을 증득하여 구경까지 구족하기를 서원하며

일체중생이 청정한 평상을 얻어 여래의 청정한 지혜 경계를 닦아 익히기를 서원하며

일체중생이 편안하게 머무는 평상을 얻어 선지식이 항상 따라 덮어주고 보호하여 줌을 얻기를 서원하며

일체중생이 사자의 평상을 얻어 항상 여래와 같이 오른쪽 옆구리로 눕기를 서원하는 것입니다.

이것이 보살마하살이 평상을 보시할 때에 선근으로 회향하는 것이 되나니 중생으로 하여금 바른 생각을 닦아 익혀 모든 근성을 잘 보호하게 하기 위한 까닭입니다.

불자여, 보살마하살이 방사를 보시할 때에 모든 선근으로써 이와 같이 회향하나니,

말하자면 원컨대 일체중생이 다 청정한 부처님의 국토에 편안히 머무름을 얻어 부지런히 일체 공덕을 닦아 익히며

깊고도 깊은 삼매의 경계에 편안히 머물러 일체 머무는 곳에 집착함을 버리고 떠나며

모든 머무는 곳이 다 있는 바가 없는 줄 알아 모든 세간을 떠나 일체 지혜에 머물며

일체 모든 부처님이 머무는 바를 섭취하여 구경의 도인 안락하게 머무는 곳에 머물며

항상 제일 청정한 선근에 머물러 마침내 부처님의 더 이상 없는 데 머무는 곳을 버리고 떠나지 않게 할 것이다 합니다.

이것이 보살마하살이 방사를 보시할 때에 선근으

로 회향하는 것이 되나니

　일체중생을 이익하여 그들이 응하는 바를 따라 사유하여 구호하고자 하기 위한 까닭입니다.

　불자여, 보살마하살이 머무는 처소를 보시할 때에 모든 선근으로써 이와 같이 회향하나니,

　말하자면 원컨대 일체중생이 항상 좋은 이익을 얻어 그 마음이 안락하게 할 것이다 하며

　원컨대 일체중생이 여래를 의지하여 머물며

　큰 지혜를 의지하여 머물며

　선지식을 의지하여 머물며

　존귀하고 수승함을 의지하여 머물며

　좋은 행을 의지하여 머물며

　대자大慈를 의지하여 머물며

　대비大悲를 의지하여 머물며

　육바라밀을 의지하여 머물며

큰 보리심을 의지하여 머물며

일체 보살의 도를 의지하여 머물게 할 것이다
합니다.

이것이 보살마하살이 머무는 처소를 보시할 때에
선근으로 회향하는 것이 되나니,

일체 복덕으로 하여금 청정케 하기 위한 까닭이며

구경에 청정케 하기 위한 까닭이며

지혜가 청정케 하기 위한 까닭이며

도가 청정케 하기 위한 까닭이며

법이 청정케 하기 위한 까닭이며

계가 청정케 하기 위한 까닭이며

마음에 즐거움이 청정케 하기 위한 까닭이며

믿고 아는 것이 청정케 하기 위한 까닭이며

서원이 청정케 하기 위한 까닭이며

일체 신통과 공덕이 청정케 하기 위한 까닭입니다.

불자여, 보살마하살이 모든 등불의 광명을 보시하나니,

말하자면 수락酥酪 등불과 기름 등불과 보배 등불과 마니 등불과 옻칠 등불과 불 등불과 침수향 등불과 전단향 등불과 일체향 등불과 한량없는 색상광명 등불입니다.

이와 같은 등 한량없는 등불을 보시할 때에 일체중생을 이익케 하고자 하기 위하며

일체중생을 섭수하고자 하기 위하여 이 선근으로써 이와 같이 회향하나니,

말하자면 일체중생이 한량없는 광명을 얻어 일체 모든 부처님의 정법을 널리 비추기를 서원하며

일체중생이 청정한 광명을 얻어 세간에 지극히 미세한 색상을 비추어 보기를 서원하며

일체중생이 눈병을 떠난 광명을 얻어 중생의 세계가 공하여 있는 바가 없음을 알게 하기를 서원하며

일체중생이 끝없는 광명을 얻어 몸에 묘한 광명을 내어 일체를 널리 비추기를 서원하며

일체중생이 널리 비추는 광명을 얻어 모든 불법에 마음이 물러남이 없기를 서원하며

일체중생이 부처님의 청정한 광명을 얻어 일체 세계 가운데 다 나타나기를 서원하며

일체중생이 걸림 없는 광명을 얻어 한 광명으로 일체 법계를 두루 비추기를 서원하며

일체중생이 끊어지지 않는 광명을 얻어 모든 부처님의 세계를 비추지만 그 광명이 끊어지지 않기를 서원하며

일체중생이 지혜 당기의 광명을 얻어 세간을 널리 비추기를 서원하며

일체중생이 한량없는 색상의 광명을 얻어 일체 세계를 비추어 위신력을 시현하기를 서원하는 것입니다.

보살이 이와 같이 등불의 광명을 보시할 때에
일체중생을 이익케 하고 일체중생을 안락케 하고자
하기 위한 까닭으로 이 선근으로써 중생을 따르며
  이 선근으로써 중생을 섭수하며
  이 선근으로써 중생을 분포하며
  이 선근으로써 중생을 어여삐 여기며
  이 선근으로써 중생을 덮어 양육하며
  이 선근으로써 중생을 구호하며
  이 선근으로써 중생을 충만케 하며
  이 선근으로씨 중생을 반연하여 생각하며
  이 선근으로써 중생을 평등하게 이익하며
  이 선근으로써 중생을 관찰합니다.

  이것이 보살마하살이 등불의 광명을 보시할 때에
선근으로 회향하는 것이 되나니
  이와 같이 회향함에 장애가 없어서 널리 중생으로

하여금 선근 가운데 머물게 합니다.

　불자여, 보살마하살이 탕약을 보시할 때에 모든 선근으로써 이와 같이 회향하나니

　말하자면 일체중생이 모든 번뇌에서 구경에 벗어남을 얻기를 서원하며

　일체중생이 영원히 병든 몸을 떠나 여래의 몸을 얻기를 서원하며

　일체중생이 크고 좋은 약을 지어 일체 좋지 못한 병을 제멸하기를 서원하며

　일체중생이 아가타약을 이루어 보살의 물러나지 않는 지위에 편안히 머물기를 서원하며

　일체중생이 여래의 약을 이루어 능히 일체 번뇌의 독화살을 뽑기를 서원하며

　일체중생이 어질고 성스러운 사람을 친근하여 모든 번뇌를 제멸하고 청정한 행을 닦기를 서원하며

일체중생이 큰 약왕을 지어 수많은 병을 영원히 제멸하여 하여금 거듭 발생하지 않게 하기를 서원하며

일체중생이 무너지지 않는 약의 나무를 지어 다 능히 일체중생을 구호하고 치료하기를 서원하며

일체중생이 일체 지혜의 광명을 얻어 수많은 병의 화살을 뽑기를 서원하며

일체중생이 세간에 약을 처방하는 법을 잘 알아 있는 바 질병에서 그 중생을 구호하고 치료하기를 서원하는 것입니다.

보살마하살이 탕약을 보시할 때에 일체중생으로 하여금 영원히 수많은 병을 떠나게 하는 까닭이며

구경에 안은하게 하는 까닭이며

구경에 청정하게 하는 까닭이며

부처님과 같이 병이 없게 하는 까닭이며

일체 병의 화살을 뽑아 제멸하게 하는 까닭이며

끝없이 견고한 몸을 얻게 하는 까닭이며

금강 철위산의 무너뜨리지 못할 바의 몸을 얻게 하는 까닭이며

견고하고 만족하는 힘을 얻게 하는 까닭이며

원만하고 가히 빼앗을 수 없는 부처님의 즐거움을 얻게 하는 까닭이며

일체 부처님의 자재하고 견고한 몸을 얻게 하기 위한 까닭으로 모든 선근으로써 이와 같이 회향합니다.

불자여, 보살마하살이 다 능히 일체 기물을 은혜롭게 보시하나니

말하자면 황금 그릇에 여러 가지 보배를 가득 담으며

백은 그릇에 수많은 묘한 보배를 담으며

유리 그릇에 가지가지 보배를 담으며

파려 그릇에 한량없는 보배로 장엄한 기구를 가득 담으며

자거 그릇에 붉은 진주를 담으며

마노 그릇에 산호 마니주 보배를 담으며

백옥 그릇에 수많은 좋은 음식을 담으며

전단 그릇에 하늘의 의복을 담으며

금강 그릇에 수많은 묘한 향을 담으며

한량없고 수없는 가지가지 보배 그릇에 한량없고 수없는 가지가지 수많은 보배를 담아 혹은 모든 부처님에게 보시하나니 부처님의 복전이 사의할 수 없음을 믿는 까닭이며

혹은 보살에게 보시하나니 선지식 만나기 어려움을 아는 까닭이며

혹은 성스러운 스님에게 보시하나니 불법으로 하여금 세상에 오래 머물게 하는 까닭이며

혹은 성문과 그리고 벽지불에게 보시하나니 모든 성인에게 청정한 믿음을 내는 까닭이며

혹은 부모에게 보시하나니 존중하는 까닭이며

혹은 스승에게 보시하나니 항상 유인하여 가르쳐 하여금 성인의 가르침을 의지하여 공덕을 닦게 하는 까닭이며

혹은 하열하고 빈궁하고 외로운 사람에게 보시하나니 대자대비한 사랑의 눈으로 모든 중생을 평등하게 보는 까닭이며

오롯한 뜻으로 과거 미래 지금의 세상에 일체 보살의 보시바라밀을 만족케 하는 까닭이며

일체 기물로써 널리 일체중생에게 보시하지만 끝내 모든 중생을 싫어하여 버리지 않는 까닭입니다.

이와 같이 보시할 때에 그가 보시하는 물건과 그리고 받는 사람에게 다 집착하는 바가 없습니다.

보살마하살이 이와 같은 등 가지가지 보배 그릇에 한량없는 보배를 담아 보시할 때에 모든 선근으로써 이와 같이 회향하나니

말하자면 일체중생이 허공과 같은 끝없는 창고의 그릇을 성취하여 생각하는 힘이 광대하여 다 능히 세간과 출세간의 일체 경서經書를 받아 가져 잊지 않기를 서원하며

일체중생이 청정한 그릇을 성취하여 능히 모든 부처님의 깊고도 깊은 정법을 깨닫기를 서원하며

일체중생이 더 이상 없는 보배의 그릇을 성취하여 다 능히 삼세의 불법을 받아 가지기를 서원하며

일체중생이 여래의 광대한 법의 그릇을 성취하여 무너지지 않는 믿음으로써 삼세에 부처님의 보리의 법을 섭수하기를 서원하며

일체중생이 가장 수승한 보배로 장엄한 그릇을 성취하여 큰 위덕 갖춘 보리의 마음에 머물기를

서원하며

일체중생이 공덕이 의지하여 거처할 바 그릇을 성취하여 모든 여래의 한량없는 지혜에 청정한 믿음과 지혜를 생기하기를 서원하며

일체중생이 일체 지혜에 취입하는 그릇을 성취하여 여래의 걸림 없는 해탈을 구경케 하기를 서원하며

일체중생이 미래세월이 다하도록 보살행의 그릇을 얻어 능히 중생으로 하여금 널리 다 일체 지혜의 힘에 편안히 머물게 하기를 서원하며

일체중생이 삼세에 모든 부처님 종성의 수승한 공덕의 그릇을 성취하여 일체 모든 부처님이 묘한 음성으로 설하는 바를 다 능히 받아 가지기를 서원하며

일체중생이 온 법계와 허공계 일체 세계에 일체 여래의 대중이 모인 도량을 용납하는 그릇을 성취하여 대장부로 설법을 찬탄하는 상수가 되어 모든

부처님께 정법의 바퀴를 전하시기를 권하여 청하기를 서원하는 것입니다.

이것이 보살마하살이 기물을 보시할 때에 선근으로 회향하는 것이 되나니

널리 일체중생으로 하여금 다 보현보살의 행원을 원만케 하는 그릇을 얻게 하고자 하기 위한 까닭입니다.

십회향품④

불자여, 보살마하살이 가지가지 수레에 수많은 보배
로써 장엄하고 꾸며 모든 부처님과 그리고 모든
보살과 스승과 선지식과 성문과 연각의 이와 같은
한량없는 가지가지 복전과 내지 가난하고 외로운
사람에게 받들어 보시하나니

　이 모든 사람들이 혹은 먼 곳으로 좇아 오며

　혹은 가까운 곳으로 좇아 오며

　혹은 보살이 유명하다는 소문을 받은 까닭으로
오며

　혹은 보살의 인연이 있는 까닭으로 오며

　혹은 보살이 지나간 옛날에 일으킨 바 보시할
서원을 들은 까닭으로 오며

혹은 보살의 심원心願으로 청하여 온 것입니다.

보살이 이때에 혹은 보배 수레를 보시하며 혹은
황금 수레를 보시하되 다 묘하게 장엄하여 방울과
그물로 그 위를 덮고 보배 띠를 아래로 내렸으며
　혹은 최상의 묘한 유리의 수레를 보시하되 한량없
이 진기珍奇한 것으로 장엄하여 꾸몄으며
　혹은 다시 백은의 수레를 보시하되 황금 그물로써
덮고 준마로써 끌며 혹은 다시 한량없는 여러 가지
보배로 장엄한 바 수레를 보시하되 보배 그물로써
덮고 향기 품은 코끼리로써 끌며
　혹은 다시 전단향의 수레를 보시하되 묘한 보배로
바퀴가 되고 여러 가지 보배로 일산이 되고 보배
사자의 자리를 펴 좋게 장엄하여 백천 명의 아름다운
아가씨가 그 위에 나열하여 앉아 있고 십만 명의
장부가 그 수레를 끌고 가며

혹은 다시 파려 보배의 수레를 보시하되 수많은 묘한 보배로써 장엄하여 꾸미고 단정한 여인이 그 가운데 충만하고 보배 휘장으로 그 위를 덮고 당기와 번으로 곁에서 모시며

혹은 다시 마노창고 수레를 보시하되 수많은 보배로써 꾸미고 모든 뒤섞인 향기를 훈수하고 가지가지 묘한 꽃으로 흩어 장엄하고 백천 명의 아름다운 아가씨가 보배 영락을 가지고 끌고 가는 것이 골라 (均調) 험한 길을 건너가지만 능히 편안하며

혹은 다시 견고한 향의 수레를 보시하되 수많은 보배로 바퀴가 되고 장엄이 크게 화려하고 보배 휘장으로 그 위를 덮고 보배 그물을 아래로 내리고 가지가지 보배 옷을 그 가운데 펴고 청정하고 좋은 향이 향기를 유출하여 밖으로 사무치니 그 향기가 아름답고 묘하여 사람들의 마음에 칭합하여 기쁘게 하고 한량없는 모든 하늘이 도우고 따라 다니면서

수많은 보배를 싣고 와 때를 따라 보시하며

혹은 다시 광명 보배의 수레를 보시하되 가지가지 모든 보배가 묘한 색으로 비추어 사무치고 수많은 묘한 보배 그물을 벌려 그 위를 덮고 수많은 보배 영락을 두루 돌려 아래로 내리고 가루향을 흩어 안과 밖에 향기가 맑고 좋아하는 바 남자와 여자가 다 그 수레 위에 실려 있었습니다.

불자여, 보살마하살이 이와 같은 등 수많은 묘한 보배 수레로써 부처님께 받들어 보시할 때에 이 선근으로써 이와 같이 회향하나니

말하자면 일체중생이 다 최상의 복전에 공양할 줄 알아 깊이 믿고 부처님께 보시하여 한량없는 과보를 얻기를 서원하며

일체중생이 일심으로 부처님께 향하여 항상 한량 없는 청정한 복전을 만나기를 서원하며

일체중생이 모든 여래에게 아끼는 바 없이 크게 버리는 마음을 구족하여 성취하기를 서원하며

일체중생이 모든 부처님의 처소에서 보시행을 수행하여 이승二乘의 서원을 버리고 여래의 걸림 없는 해탈인 일체 지혜의 지혜를 체득하기를 서원하며

일체중생이 모든 부처님의 처소에서 끝없는 보시를 행하여 부처님의 한량없는 공덕의 지혜에 들어가기를 서원하며

일체중생이 부처님의 수승한 지혜에 들어가 청정하고 더 이상 없는 지혜의 왕을 얻어 이루기를 서원하며

일체중생이 부처님께서 두루 이르는 걸림 없는 신통을 얻어 가고자 하는 곳을 따라 자재로 가지 아니함이 없기를 서원하며

일체중생이 깊이 대승에 들어가 한량없는 지혜를

얻어 편안히 머물러 움직이지 않기를 서원하며

일체중생이 다 능히 일체 지혜의 법을 출생하여 모든 하늘과 인간에 최상의 복전이 되기를 서원하며

일체중생이 모든 부처님의 처소에서 싫어하고 한탄하는 마음이 없이 부지런히 선근을 심어 즐겁게 부처님의 지혜를 구하기를 서원하며

일체중생이 마음대로 능히 일체 부처님의 세계에 가서 일찰나 가운데 널리 법계에 두루하지만 게으르지 않기를 서원하며

일체중생이 보살의 자재한 신통을 체득하여 분신이 두루 가득하여 허공계와 같아 일체 부처님의 처소에서 친근하고 공양하기를 서원하며

일체중생이 비교할 수 없는 몸을 얻어 시방에 두루 가지만 싫어하거나 게으름이 없기를 서원하며

일체중생이 광대한 몸을 얻어 비행하는 것이 빨라 뜻을 따라 가는 곳마다 끝내 게으르거나 물러남이

없기를 서원하며

　일체중생이 부처님의 구경에 자재한 위신력을 얻어 일찰나 가운데 모든 허공계에 다 모든 부처님의 신통변화를 나타내기를 서원하며

　일체중생이 안락행을 닦아 일체 모든 보살의 도를 따르기를 서원하며

　일체중생이 빠른 행을 얻어 십력과 지혜와 신통을 구경에 얻기를 서원하며

　일체중생이 널리 법계의 시방 국토에 들어가 끝이 모두 다하여 평등하여 차별이 없기를 서원하며

　일체중생이 보현행을 행하여 물러나지 않고 피안에 이르러 일체 지혜를 이루기를 서원하며

　일체중생이 비교할 수 없는 지혜의 수레에 올라 법성을 따라 여실한 진리를 보기를 서원하는 것입니다.

이것이 보살마하살이 수많은 보배 수레로써 현재 일체 모든 부처님과 그리고 부처님이 열반하신 뒤에 있는 바 탑묘에 받들어 보시한 선근으로 회향하는 것이 되나니

중생으로 하여금 여래의 구경에 벗어나는 걸림 없는 수레를 얻게 하기 위한 까닭입니다.

불자여, 보살마하살이 수많은 보배 수레로써 보살 등과 선지식에게 보시할 때에 모든 선근으로써 이와 같이 회향하나니

말하자면 일체중생이 마음에 항상 선지식의 가르침을 기억하여 가져 오로지 부지런히 수호하여 하여금 잊지 않기를 서원하며

일체중생이 선지식으로 더불어 동일한 의리로 널리 일체를 섭수하여 선근이 같기를 서원하며

일체중생이 선지식을 친근하여 존중하고 공양하

여 소유한 것을 다 버려 가히 그 선지식의 마음을 따르기를 서원하며

일체중생이 좋은 뜻의 욕망을 얻어 선지식을 따르고 좇아 일찍이 버리고 떠나지 않기를 서원하며

일체중생이 항상 모든 선지식을 만남을 얻어 오롯한 뜻으로 받들어 그 선지식의 가르침을 어기지 않기를 서원하며

일체중생이 선지식을 좋아하여 항상 버리지도 떠나지도 아니하여 이간함도 없고 난잡함도 없고 또한 잘못함도 실수함도 없기를 서원하며

일체중생이 능히 그 몸으로써 선지식에게 보시하여 그가 교시하는 명령을 따라 어기거나 거역함이 없기를 서원하며

일체중생이 선지식의 섭수하는 바가 되어 큰 자비를 닦아 익혀 모든 악을 멀리 떠나기를 서원하며

일체중생이 선지식을 따라 모든 부처님이 설하신

바 정법을 듣기를 서원하며

일체중생이 선지식으로 더불어 동일한 선근으로 업과를 청정케 하고 모든 보살로 더불어 동일한 행원으로 십력을 구경케 하기를 서원하며

일체중생이 다 능히 선지식의 법을 받아 가져 일체 삼매의 경계와 지혜와 신통을 체득하기를 서원하며

일체중생이 다 능히 일체 정법을 받아 가져 모든 행을 닦아 익혀 피안에 이르기를 서원하며

일체중생이 대승을 타시 장애되는 바가 없고 구경에 일체 지혜의 도를 성취하기를 서원하며

일체중생이 다 일체 지혜의 수레에 오름을 얻어 안은한 처소에 이르러 물러남이 없기를 서원하며

일체중생이 여실한 행을 알아 그들이 들은 바 일체 불법을 따라 다 구경까지 얻어 영원히 잊지 않기를 서원하며

일체중생이 널리 모든 부처님께서 섭수하는 바가
되어 걸림이 없는 지혜로 구경에 모든 법을 얻기를
서원하며

일체중생이 물러나 잊지 않는 자재한 신통을 얻어
가고자 하는 곳에 한 생각에 다 이르기를 서원하며

일체중생이 가고 오는 것이 자재하여 널리 교화하
여 인도함을 행하여 하여금 대승에 머물게 하기를
서원하며

일체중생이 행하는 바가 헛되지 아니하여 지혜의
수레로 실어 구경의 지위에 이르기를 서원하며

일체중생이 걸림이 없는 수레를 얻어 걸림이 없는
지혜로서 일체 처소에 이르기를 서원하는 것입니다.

이것이 보살마하살이 선지식에게 가지가지 수레
를 보시할 때에 선근으로 회향하는 것이 되나니
중생으로 하여금 공덕이 구족하여 부처님과 보살로

더불어 평등하여 다름이 없게 하는 까닭입니다.

불자여, 보살마하살이 수많은 보배 수레로써 스님에게 보시할 때에 일체 보시를 배우려는 마음과 지혜로 잘 요달하려는 마음과 공덕을 청정히 하려는 마음과 희사(捨)를 수순하려는 마음과 승보는 만나기 어렵다는 마음과 승보를 깊이 믿으려는 마음과 바른 가르침을 섭수하여 가지려는 마음을 일으켜 수승한 뜻의 즐거움에 머물러 미증유를 얻으며

큰 시회(施會)를 만들어 한량없고 광대한 공덕을 출생하며

부처님의 가르침을 깊이 믿어 가히 무너뜨릴 수 없어서 모든 선근으로써 이와 같이 회향하나니

말하자면 일체중생이 널리 불법에 들어가 기억하여 가져 잊지 않기를 서원하며

일체중생이 범부의 어리석은 법을 떠나 현인과

성인의 처소에 들어가기를 서원하며

　일체중생이 속히 성인의 지위에 들어가 능히 불법으로써 차례로 열어 유인하기를 서원하며

　일체중생이 온 세상을 종 삼고 존중하여 말을 함에 반드시 신용하기를 서원하며

　일체중생이 일체 모든 법의 평등한 곳에 잘 들어가 법계의 자성이 둘이 없음을 요달하여 알기를 서원하며

　일체중생이 여래의 지혜 경계로 좇아 생기하여 모든 조순한 사람들이 함께 에워싸는 바가 되기를 서원하며

　일체중생이 더러움을 떠난 법에 머물러 일체 번뇌 티끌의 때를 멸제하기를 서원하며

　일체중생이 다 더 이상 없는 승보를 성취함을 얻어 범부의 지위를 떠나 현인과 성인의 무리에 들어가기를 서원하며

일체중생이 부지런히 선한 법을 닦아 걸림이 없는 지혜를 얻어 성인의 공덕을 갖추기를 서원하며

일체중생이 지혜의 마음을 얻어 삼세에 집착하지 아니하여 모든 대중 가운데 자재하기 왕과 같기를 서원하며

일체중생이 지혜의 수레를 타서 정법의 바퀴를 전하기를 서원하며

일체중생이 신족통을 갖추어 한 생각에 능히 가히 말할 수 없고 가히 말할 수 없는 세계에 가기를 서원하며

일체중생이 허공의 몸을 타서 모든 세간에 지혜가 걸림이 없기를 서원하며

일체중생이 널리 일체 허공계와 법계에 모든 부처님의 대중이 모인 곳에 들어가 첫 번째 보시바라밀행을 성취하기를 서원하며

일체중생이 가볍게 거동하는 몸과 수승한 지혜를

얻어 다 능히 일체 부처님의 세계에 두루 들어가기를 서원하며

일체중생이 끝없는 선교의 신족을 얻어 일체 세계에 널리 그 몸을 나타내기를 서원하며

일체중생이 일체 의지할 곳이 없는 몸을 얻어 신통력으로써 그림자와 같이 널리 나타내기를 서원하며

일체중생이 사의할 수 없는 자재한 위신력을 얻어 응당 가히 교화할 사람을 따라 곧 그 앞에 나타나 교화하고 조복하기를 서원하며

일체중생이 법계에 들어가는 걸림 없는 방편을 얻어 한 생각에 시방의 국토에 두루 유행하기를 서원하는 것입니다.

이것이 보살마하살이 승보에게 수레를 보시할 때에 선근으로 회향하는 것이 되나니

중생으로 하여금 널리 청정하고 더 이상 없는 지혜의 수레를 타서 일체 세간에 걸림이 없는 법인 지혜의 바퀴를 전하게 하기 위한 까닭입니다.

불자여, 보살마하살이 수많은 보배 수레로써 성문과 독각에게 보시할 때에 이와 같은 마음을 일으키나니

말하자면 복전이 되려는 마음과

존경하려는 마음과

공덕의 바다가 되려는 마음과

능히 공덕과 지혜를 출생하려는 마음과

여래의 공덕 세력으로 좇아 생기하려는 마음과

백천억 나유타세월토록 닦아 익히려는 마음과

능히 가히 말할 수 없는 세월토록 보살의 행을 닦으려는 마음과

일체 마군의 결박에서 해탈하려는 마음과

일체 마군의 무리를 꺾어 소멸하려는 마음과

지혜의 광명으로 더 이상 없는 법을 비추어 알려는

마음입니다.

이 수레를 보시하여 소유한 선근으로써 이와 같이

회향하나니

말하자면 일체중생이 세간에서 믿을 바 제일가는

복전이 되어 더 이상 없는 보시바라밀을 구족하기를

서원하며

일체중생이 이익이 없는 말을 떠나 항상 홀로

거처하기를 좋아하고 마음에 두 가지 생각이 없기를

서원하며

일체중생이 최고로 제일가는 청정한 복전을 이루

어 모든 중생을 섭수하여 하여금 복업을 닦게 하기를

서원하며

일체중생이 지혜의 못을 이루어 능히 중생에게

한량도 없고 수도 없는 선근의 과보를 주기를 서원하며

일체중생이 걸림이 없는 행에 머물러 청정한 제일 가는 복전을 만족하기를 서원하며

일체중생이 다툼이 없는 법에 머물러 일체법이 다 조작되는 바가 없어서 자성이 없는 것으로 자성을 삼는 줄 알기를 서원하며

일체중생이 항상 최상의 복전을 친근함을 얻어 한량없는 복전을 구족하여 닦아 이루기를 서원하며

일체중생이 능히 한량없는 자재한 신통을 나타내어 청정한 복전으로써 모든 중생을 섭수하기를 서원하며

일체중생이 끝없는 공덕의 복전을 구족하여 능히 중생에게 여래의 십력 갖춘 제일승의 결과를 주기를 서원하며

일체중생이 능히 결과를 갖추는 진실한 복전이

되어 일체 지혜의 끝없는 복덩이의 뭉치를 이루기를 서원하며

일체중생이 죄를 소멸하는 법을 얻어 다 능히 일찍이 듣지 못한 바 불법의 구절과 뜻을 받아 가지기를 서원하며

일체중생이 항상 부지런히 일체 불법을 듣고서 수지하고 들은 뒤에 다 알고 깨달아 헛되이 지냄이 없기를 서원하며

일체중생이 불법을 들어 구경을 통달하고 그들이 들은 바와 같이 수순하여 연설하기를 서원하며

일체중생이 여래의 가르침에 믿고 알고 수행하여 일체 아흔여섯 종류의 외도들에 삿된 소견을 버리고 떠나기를 서원하며

일체중생이 항상 현인과 성인을 보아 일체 가장 수승한 선근을 증장하기를 서원하며

일체중생이 마음에 항상 지혜와 행을 갖춘 사람을

믿고 좋아하여 모든 성인과 슬기로운 사람으로 더불어 함께 머무르고 함께 환희하기를 서원하며

일체중생이 부처님의 이름을 들음에 다 헛되이 버리지 않고 그들이 들은 바를 따라서 다 눈으로 봄을 얻게 하기를 서원하며

일체중생이 모든 부처님의 바른 가르침을 잘 분별하여 알아 다 능히 불법을 가지는 사람을 수호하기를 서원하며

일체중생이 항상 일체 불법을 즐겁게 듣고 받아 가지고 읽고 외우고 열어 보이고 비추어 알기를 서원하며

일체중생이 불교의 여실한 공덕을 믿고 알아 소유한 것을 다 버려 공경하고 공양하기를 서원하는 것입니다.

이것이 보살마하살이 성문과 독각에게 가지가지

수레를 보시할 때에 선근으로 회향하는 것이 되나니
중생으로 하여금 다 청정한 제일의 지혜와 신통을
성취함을 얻어 정진하고 수행하되 게으름이 없어서
일체 지혜와 힘과 두려움이 없음을 얻게 하기 위한
까닭입니다.

불자여, 보살마하살이 수많은 보배 수레로써 모든
복전과 내지 빈궁하고 고독한 사람에게 보시할 때에
그들이 구하는 바를 따라서 일체를 다 희사하되
마음에 환희를 내어 싫어하거나 게으름이 없이 하
고, 이에 저 사람을 향하여 스스로 허물을 뉘우치고
책망하여 말하기를 내가 응당 나아가서 공양하고
공급할 것이요 응당 수고롭게 그대를 멀리서 오게
하여 피곤하게 하지 않을 것이다 하여 말한 이후에
절을 하고 꿇어앉아 기거하는 곳을 묻고 무릇 구하는
바가 있음에 일체를 다 보시하나니

혹시에는 저 마니보배 수레를 보시하되 염부제에서 제일가는 여자 보배로써 그 위에 충만케 하여 보시하며

혹시에는 다시 황금으로 장엄된 수레를 보시하되 인간의 여자 보배로 그 위에 충만케 하여 보시하며

혹시에는 다시 묘한 유리 수레를 보시하되 내궁에 기녀로 그 위에 충만케 하여 보시하며

혹시에는 가지가지 기묘한 보배 수레를 보시하되 동녀를 충만케 하여 하늘의 궁녀와 같은 이로 보시하며

혹시에는 수없는 보배로 장엄한 수레를 보시하되 보배 여자가 그 가운데 충만하여 유순하고 총명하고 변재가 있고 지혜가 있는 이로 보시하며

혹시에는 타고 있던 바 묘한 전단 수레를 보시하며

혹시에는 다시 파려 보배 수레를 보시하되 다 보배 여자를 실어 그 위에 충만케 하여 얼굴이 단정하

고 모습이 비교할 데 없고 고운 옷으로 장엄하여 보는 이가 기뻐하는 이로 보시하며

혹시에는 다시 마노 보배 수레를 보시하되 관정식을 한 왕자를 몸소 그 위에 실어 보시하며

혹시에는 견고한 향 수레를 보시하되 소유한 남자와 여자를 다 그 가운데 실어 보시하며

혹시에는 일체 보배로 장엄한 수레를 보시하되 버리기 어려운 친척과 권속을 실어 보시합니다.

불자여, 보살마하살이 이와 같은 등 한량없는 보배 수레로써 그들이 구하는 바를 따라 공경스레 보시하되 다 하여금 서원을 이루어 환희하여 만족케 하고 이 선근으로써 이와 같이 회향하나니

말하자면 일체중생이 물러나지 않고 장애가 없는 바퀴의 광대한 수레를 타서 가히 사의할 수 없는 보리수 아래에 나아가기를 서원하며

일체중생이 청정한 원인인 큰 법의 지혜의 수레를

타서 미래세월이 다하도록 보살행을 닦아 영원히 물러나지 않기를 서원하며

일체중생이 일체법이 있는 바가 없는 수레를 타서 영원히 일체 분별과 집착을 떠나 항상 일체 지혜의 도를 닦아 익히기를 서원하며

일체중생이 아첨도 속임도 없는 정직한 수레를 타서 모든 부처님의 세계에 가서 자재로 걸림이 없기를 서원하며

일체중생이 일체 지혜의 수레를 따라 편안히 머물러 모든 부처님의 법으로써 함께 서로 오락하기를 서원하며

일체중생이 다 보살의 청정한 행의 수레를 타서 보살의 열 가지 벗어나 떠나는 도와 그리고 삼매의 즐거움을 구족하기를 서원하며

일체중생이 네 바퀴(四輪)의 수레를 타되 말하자면 좋은 국토에 머무는 수레와 좋은 사람을 의지하는

수레와 수승한 복덕을 모으는 수레와 큰 서원을 일으키는 수레이니, 이 수레로써 일체 보살의 청정한 범행을 이루어 만족하기를 서원하며

일체중생이 시방을 널리 비추는 진리 광명의 수레를 얻어 일체 여래의 지혜와 힘을 닦아 배우기를 서원하며

일체중생이 불법의 수레를 타서 일체법의 구경인 피안에 이르기를 서원하며

일체중생이 수많은 복과 선행을 사의하기 어려운 진리의 수레에 실어 널리 시방의 안은한 바른 길을 보이기를 서원하며

일체중생이 큰 보시의 수레를 타서 아끼는 때를 버리기를 서원하며

일체중생이 청정한 계율의 수레를 타서 법계와 같이 끝없는 청정한 계율을 가지기를 서원하며

일체중생이 인욕의 수레를 타서 항상 중생에게

성내는 탁한 마음을 버리고 떠나기를 서원하며

　일체중생이 큰 정진의 물러나지 않는 수레를 타서 수승한 행을 굳게 수행하여 보리도에 나아가기를 서원하며

　일체중생이 선정의 수레를 타서 빨리 도량에 이르러 보리의 지혜를 증득하기를 서원하며

　일체중생이 지혜의 선교방편의 수레를 타서 화신이 일체 법계와 모든 부처님의 경계에 충만하기를 서원하며

　일체중생이 법왕의 수레를 타서 두려움이 없음을 성취하여 항상 널리 일체 지혜의 법을 은혜롭게 보시하기를 서원하며

　일체중생이 집착하는 바가 없는 지혜의 수레를 타서 다 능히 일체 시방에 진실한 법성에 두루 들어가지만 움직이는 바가 없기를 서원하며

　일체중생이 일체 모든 불법의 수레를 타서 방편(示

現)으로 생을 받아 시방세계에 두루하지만 대승의 도를 잃거나 무너뜨리지 않기를 서원하며

일체중생이 일체 지혜의 최상인 보배의 수레를 타서 보현보살의 행원을 만족케 하지만 싫어하거나 게으름이 없기를 서원하는 것입니다.

이것이 보살마하살이 수많은 보배 수레로써 모든 복전과 내지 가난한 사람과 고독한 사람에게 보시하여 이 선근으로 회향하는 것이 되나니

중생으로 하여금 한량없는 지혜를 갖추어 환희하고 뛰놀며 구경에 일체 지혜의 수레를 다 얻게 하기 위한 까닭입니다.

불자여, 보살마하살이 코끼리 보배를 보시하되 그 성품이 조순하고 칠지七支가 구족하며

나이가 젊고 여섯 치아가 청정하며

입술의 붉은 색이 비유하자면 연꽃과 같고 형체의 곱고 흰 것이 비유하자면 설산과 같으며

황금 당기로 장식하고 보배 그물로 덮었으며

가지가지 묘한 보배로 그 코를 장엄하여 보는 사람들이 기뻐하고 사랑하여 싫어하거나 만족함이 없으며

한 걸음을 뛰어 만 리를 달려도 일찍이 피곤해 하거나 게으르지 아니하며

혹 다시 조순하고 어진 말의 보배를 보시하되 모든 모습을 구족한 것이 비유하자면 하늘 말과 같아서 묘한 보배 달 바퀴로 광채 나게 장식하고 진금의 요령과 그물로 그 위를 덮었으며

걸어감에 평정하여 탄 사람이 안은하며

뜻을 따라 달려감에 빠르기가 바람과 같으며

사주四州로 유행하여 지나감에 자재하여 걸림이 없나니

보살이 이 코끼리 보배와 말의 보배로 혹 부모와 그리고 선지식과 같이 봉양하며

혹 가난하고 핍박받는 사람과 고뇌하는 중생에게 보시하되 그 마음이 넓어 후회하거나 인색함을 내지 않고 다만 기뻐하고 경사함이 배로 증장하며

자비로 어여삐 여기는 마음이 더욱 더하여 보살의 공덕을 닦으며

보살의 마음을 더욱 청정케 하여 이 선근으로써 이와 같이 회향하나니

말하자면 일체중생이 조순한 수레에 머물러 일체 보살의 공덕을 증장하기를 서원하며

일체중생이 선교의 수레를 얻어 능히 수순하여 일체 불법을 출생하기를 서원하며

일체중생이 믿고 아는 수레를 얻어 여래의 걸림 없는 지혜의 힘을 널리 비추기를 서원하며

일체중생이 일으켜 취향하는 수레를 얻어 능히

널리 일체 큰 서원을 일으키기를 서원하며

　일체중생이 평등한 바라밀의 수레를 구족하여
일체 평등한 선근을 성만하기를 서원하며

　일체중생이 보배 수레를 성취하여 모든 불법의
더 이상 없는 지혜의 보배를 생기하기를 서원하며

　일체중생이 보살의 행으로 장엄한 수레를 성취하
여 보살의 모든 삼매의 꽃을 피게 하기를 서원하며

　일체중생이 끝없이 빠른 수레를 얻어 수없는 세월
에 보살의 마음을 청정케 하고 부지런히 사유하여
모든 법을 요달了達하기를 서원하며

　일체중생이 최승으로 조순한 큰 수레를 성취하여
좋은 방편으로 보살의 지위를 구족하기를 서원하며

　일체중생이 가장 높고 넓은 견고한 큰 수레를
타서 널리 능히 일체중생을 실어 운반하여 다 일체
지혜의 지위에 이름을 얻기를 서원하는 것입니다.

이것이 보살마하살이 코끼리와 말을 보시할 때에 선근으로 회향하는 것이 되나니

중생으로 하여금 다 걸림 없는 지혜의 수레를 탐을 얻어 구경까지 원만하여 부처님의 수레에 이르게 하기 위한 까닭입니다.

불자여, 보살마하살이 자리를 보시할 때에 혹 거처하던 바 사자의 자리를 보시하되 그 자리가 높고 넓어 수특하고 묘호妙好하며

유리로 발이 되었고 황금으로 누각이 이루어졌으며

부드러운 의복으로 그 위에 펴 놓았으며

보배 당기를 세우고 모든 묘한 향을 풍기며

한량없이 많은 보배 장엄 기구로 장엄하여 꾸미고 황금 그물로 그 위를 덮었으며

보배 풍경이 바람에 흔들려 미묘한 음성을 내고

기이한 보배를 만 가지 계책으로 두루 돌려 넣어 꾸몄으니 일체 백성이 함께 우러러보는 바며

관정식을 한 대왕이 홀로 그 위에 거처하여 법으로 교화할 것을 선포함에 온갖 나라가 따라 받들며

그 왕이 다시 묘한 보배로 그 몸을 장엄하였으니 말하자면 넓은 광명 보배와 검푸른 보배와 크게 검푸른 보배와 수승한 창고 마니 보배입니다.

밝고 맑기는 태양과 같고 청량하기는 달과 같으며 두루 돌아 번성하게 펼쳐져 있는 것이 비유하자면 수많은 별과 같으며

최상으로 묘한 장엄이 제일로 비교할 데가 없으며 바다에 수특하고 묘한 보배와 바다에 견고한 당기의 보배가 기특한 문양과 기이한 표현으로 가지가지 장엄하여 대중 가운데 가장 존귀하고 가장 수승하며 염부단금의 때를 떠난 보배 비단을 그 머리에

쓰고 관정의 지위를 차지하였으며

　염부제에 왕 노릇하고 한량없는 큰 위덕의 힘을
구족하였으며

　자비를 주로 하여 모든 원적을 항복받았으며

　명령이 가는 곳마다 받들어 순종하지 아니함이
없었습니다.

　그때에 전륜성왕이 이와 같은 등 백천만억 한량도
없고 수도 없는 보배로 장엄한 자리로써 여래의
제일 복전과 그리고 모든 보살과 진실한 선지식과
어질고 성스러운 스님과 법을 설하는 스승과 부모와
종친과 성문과 독각과 그리고 보살승에 발심하여
나아가는 이와 혹 여래의 탑과 내지 일체 가난한
사람과 고독한 사람에게 보시하되 그들이 구하는
바를 따라 다 보시하여 이 선근으로써 이와 같이
회향하나니

말하자면 일체중생이 보리의 자리에 앉아 다 능히 모든 부처님의 정법을 깨닫기를 서원하며

일체중생이 자재한 자리에 거처하여 법에 자재함을 얻어 모든 금강산이 능히 깨뜨리지 못하는 바가 되고 능히 일체 마군을 다 꺾어 절복하기를 서원하며

일체중생이 부처님의 자재한 사자의 자리를 얻어 일체중생이 우러러보는 바가 되기를 서원하며

일체중생이 가히 말할 수 없고 가히 말할 수 없는 가지가지 수특하고 묘한 보배로 장엄한 자리를 얻어 저 법에 자재하여 중생을 교화하여 인도하기를 서원하며

일체중생이 세 가지 세간에 가장 수승한 자리를 얻어 광대한 선근으로 장엄하여 꾸미는 바가 되기를 서원하며

일체중생이 가히 말할 수 없고 말할 수 없는 세계에 두루하는 자리를 얻어 아승지세월토록 찬탄하여도

끝이 없기를 서원하며

일체중생이 크게 깊고 비밀한 복덕의 자리를 얻어 그 몸이 일체 법계에 충만하기를 서원하며

일체중생이 사의할 수 없는 가지가지 보배의 자리를 얻어 그 본래의 서원으로 생각한 바 중생을 따라 널리 법시를 열기를 서원하며

일체중생이 좋고 묘한 자리를 얻어 가히 말할 수 없는 모든 부처님의 신통을 나타내기를 서원하며

일체중생이 일체 보배의 자리와 일체 향의 자리와 일체 꽃의 자리와 일체 옷의 자리와 일체 꽃다발의 자리와 일체 마니의 자리와 일체 유리 등 사의할 수 없는 가지가지 보배의 자리와 한량도 없고 가히 말할 수도 없는 세계의 자리와 일체 세간에서 장엄한 청정한 자리와 일체 금강의 자리를 얻어 여래의 위덕이 자재함을 시현하여 가장 수승한 정각을 성취하기를 서원하는 것입니다.

이것이 보살마하살이 보배 자리를 보시할 때에 선근으로 회향하는 것이 되나니

중생으로 하여금 세간을 떠난 큰 보리의 자리를 얻어 자연히 일체 불법을 깨닫게 하기 위한 까닭입니다.

불자여, 보살마하살이 모든 보배 일산을 보시하되 이 일산이 수특하여 존귀한 사람이 사용하는 바이며

가지가지 큰 보배로 장엄하였으며

백천억 나유타 최상의 묘한 일산 가운데 최고로 제일이며

수많은 보배로 손잡이가 되고 묘한 그물로 그 위를 덮었으며

보배 줄과 황금 방울이 두루 돌아 아래로 내려 있고 마니로 된 영락이 차례로 달려 작은 바람이 불어 움직여도 묘한 소리를 능히 화합하여 내며

구슬과 보배 창고가 가지가지로 충만하고 한량없는 기이한 보배로 다 장엄하여 꾸몄으며

전단향과 침수향이 묘한 향기를 널리 풍기고 염부단금은 광명이 청정하였습니다.

이와 같은 한량없는 백천억 나유타 아승지 수많은 묘한 보물로 갖추어 장엄하여 청정한 마음으로 부처님과 그리고 부처님이 열반하신 뒤에 있는 바 탑묘에 받들어 보시하며

혹 법을 위한 까닭으로 모든 보살과 그리고 선지식과 세상에 소문난 법사에게 보시하며

혹 부모에게 보시하며

혹 스님에게 보시하며

혹 다시 일체 불법에 받들어 보시하며

혹 가지가지 중생의 복전에 보시하며

혹 스승과 그리고 모든 존경할 만한 큰스님께

보시하며

　혹 처음 보리의 마음을 일으킨 사람과 내지 일체 가난한 사람과 고독한 사람에게 보시하되 구하는 사람이 있음을 따라 다 보시하여 이 선근으로써 이와 같이 회향하나니

　말하자면 일체중생이 부지런히 선근을 닦아 그 몸을 덮어 항상 모든 부처님이 덮어주는 바가 되기를 서원하며

　일체중생이 공덕과 지혜로 그 일산이 되어 영원히 세간의 일체 번뇌를 떠나기를 서원하며

　일체중생이 선한 법에 덮이어 세간의 번뇌와 열뇌를 제멸하기를 서원하며

　일체중생이 지혜의 창고를 얻어 중생으로 하여금 즐겁게 보아 마음에 싫어하거나 만족함이 없기를 서원하며

　일체중생이 적정의 순백한 법으로써 스스로 덮어

다 구경에 무너지지 않는 법을 얻기를 서원하며

일체중생이 그 몸을 잘 덮어 구경에 여래의 청정한 법신을 얻기를 서원하며

일체중생이 두루하는 일산을 지어 십력과 지혜로 세간을 두루 덮기를 서원하며

일체중생이 묘한 지혜를 얻어 삼세를 벗어나 물들거나 집착하는 바가 없기를 서원하며

일체중생이 응당 공양 받을 만한 일산을 얻어 수승한 복전을 이루어 일체 공양을 받기를 서원하며

일체중생이 최상의 일산을 얻고 더 이상 없는 지혜를 얻어 자연히 깨닫기를 서원하는 것입니다.

이것이 보살마하살이 일산을 보시할 때에 선근으로 회향하는 것이 되나니

일체중생으로 하여금 자재한 일산을 얻어 능히 일체 모든 선법을 가지게 하기 위한 까닭이며

일체중생으로 하여금 능히 한 일산으로써 널리 일체 허공계와 법계의 일체 국토를 덮어 모든 부처님의 자재한 신통을 시현하여 물러남이 없게 하기 위한 까닭이며

일체중생으로 하여금 능히 한 일산으로써 시방의 일체 세계를 장엄하여 부처님께 공양하게 하기 위한 까닭이며

일체중생으로 하여금 묘한 당기와 번기와 그리고 모든 보배 일산으로써 일체 모든 여래에게 공양하게 하기 위한 까닭이며

일체중생으로 하여금 널리 장엄한 일산을 얻어 일체 모든 부처님의 국토를 두루 덮어 다 남음이 없게 하기 위한 까닭이며

일체중생으로 하여금 광대한 일산을 얻어 널리 중생을 덮고 다 하여금 부처님께 믿음과 지해(解)를 내게 하기 위한 까닭이며

일체중생으로 하여금 가히 말할 수 없는 수많은 묘한 보배 일산으로써 한 부처님께 공양하고 가히 말할 수 없는 낱낱 부처님의 처소에도 다 이와 같이 하게 하기 위한 까닭이며

일체중생으로 하여금 부처님의 깨달음의 높고 넓은 일산을 얻어 널리 일체 모든 여래를 덮게 하기 위한 까닭이며

일체중생으로 하여금 일체 마니보배로 장엄한 일산과 일체 보배 영락으로 장엄한 일산과 일체 견고한 향으로 장엄한 일산과 가지가지 보배로 청정 하게 장엄한 일산과 한량없는 보배로 청정하게 장엄 한 일산과 넓고 큰 보배로 청정하게 장엄한 일산을 얻어 보배 그물로 두루 덮고 보배 방울을 아래로 내려 바람이 흔들어 움직임을 따라 미묘한 소리를 내어 널리 법계와 허공계와 일체 세계에 모든 부처님 의 몸을 덮게 하기 위한 까닭이며

일체중생으로 하여금 장애가 없는 지혜로 장엄한 일산을 얻어 널리 일체 모든 여래를 덮게 하기 위한 까닭이며

또 일체중생으로 하여금 제일의 지혜를 얻게 하고자 하기 위한 까닭이며

또 일체중생으로 하여금 부처님의 공덕장엄을 얻게 하고자 하기 위한 까닭이며

또 일체중생으로 하여금 부처님의 공덕에 청정한 욕망과 서원의 마음을 내게 하고자 하기 위한 까닭이며

또 일체중생으로 하여금 한량도 없고 끝도 없는 자재한 마음의 보배를 얻게 하고자 하기 위한 까닭이며

또 일체중생으로 하여금 모든 법에 자재한 지혜를 만족하게 하고자 하기 위한 까닭이며

또 일체중생으로 하여금 모든 선근으로써 널리

일체를 덮게 하고자 하기 위한 까닭이며

또 일체중생으로 하여금 가장 수승한 지혜의 일산을 성취하게 하고자 하기 위한 까닭이며

또 일체중생으로 하여금 십력으로 널리 두루하는 일산을 성취하게 하고자 하기 위한 까닭이며

또 일체중생으로 하여금 능히 한 일산으로써 법계에 모든 부처님의 국토를 두루 덮게 하고자 하기 위한 까닭이며

또 일체중생으로 하여금 저 법에 자재하여 법왕이 되게 하고자 하기 위한 까닭이며

또 일체중생으로 하여금 큰 위덕의 자재한 마음을 얻게 하고자 하기 위한 까닭이며

또 일체중생으로 하여금 광대한 지혜를 얻어 항상 끊어지지 않게 하고자 하기 위한 까닭이며

또 일체중생으로 하여금 한량없는 공덕을 얻어 널리 일체를 다 구경까지 덮게 하고자 하기 위한

까닭이며

또 일체중생으로 하여금 모든 공덕으로써 그 마음을 덮게 하고자 하기 위한 까닭이며

또 일체중생으로 하여금 평등한 마음으로써 중생을 덮게 하고자 하기 위한 까닭이며

또 일체중생으로 하여금 큰 지혜의 평등한 일산을 얻게 하고자 하기 위한 까닭이며

또 일체중생으로 하여금 큰 회향의 선교방편을 갖추게 하고자 하기 위한 까닭이며

또 일체중생으로 하여금 수승한 욕락의 청정한 마음을 얻게 하고자 하기 위한 까닭이며

또 일체중생으로 하여금 좋은 욕락의 청정한 뜻을 얻게 하고자 하기 위한 까닭이며

또 일체중생으로 하여금 큰 회향을 얻어 널리 일체 모든 중생을 덮게 하고자 하기 위한 까닭입니다.

불자여, 보살마하살이 혹 가지가지 최상의 묘한 당기와 번기를 보시하되 수많은 보배로 손잡이가 되고 보배 비단으로 번기가 되었으며

가지가지 오색 비단으로 그 당기가 되었으며

보배 그물로 내려 덮어 광색이 두루 가득하며

보배 풍경이 작은 바람에 흔들려 음절이 서로 조화하며

기특하고 묘한 보배의 형상이 반달과 같은 것과 염부단금의 빛이 태양보다 밝은 것으로 다 당기 위에 두었으며 모든 세계에 업의 과보를 따라 나타나는 바 가지가지 묘한 물건으로써 장엄하여 꾸몄습니다.

이와 같이 수도 없는 천만억 나유타 모든 묘한 당기와 번기가 그림자를 접하고 빛을 이어 번갈아 서로서로 사이에서 드날리며

광명이 장엄하고 맑아 대지에 두루하고 시방의

허공계와 법계에 일체 부처님의 국토에 충만하거든,
보살마하살이 청정한 마음으로 믿고 이해하여 이와
같은 등 한량없는 당기와 번기로 혹 현재 일체 모든
부처님과 그리고 부처님이 열반하신 뒤에 있는 바
탑묘에 보시하며

　혹 법보에 보시하며

　혹 승보에 보시하며

　혹 보살과 모든 선지식에게 보시하며

　혹 성문과 그리고 벽지불에게 보시하며

　혹 대중에게 보시하며

　혹 다른 사람에게 보시하되 모두 와서 구하는
사람에게 널리 다 보시하여 이 선근으로써 이와
같이 회향하나니

　말하자면 일체중생이 다 능히 일체 선근과 복덕의
당기와 번기를 건립하여 가히 훼손되거나 무너지지
않기를 서원하며

일체중생이 일체법에 자재한 당기와 번기를 건립하여 존중하고 사랑하고 좋아하여 부지런히 더욱 수호하기를 서원하며

일체중생이 항상 보배 비단으로써 정법을 서사하여 모든 부처님과 보살의 진리의 창고를 보호하여 가지기를 서원하며

일체중생이 높이 밝은 당기를 건립하고 지혜의 등불을 켜서 널리 세간을 비추기를 서원하며

일체중생이 견고한 당기를 세워 다 능히 일체 마군의 업행을 꺾어 없애기를 서원하며

일체중생이 지혜 힘의 당기를 건립하여 일체 모든 마군이 능히 무너뜨리지 못할 바가 되기를 서원하며

일체중생이 큰 지혜 나라연의 당기를 얻어 일체 세간에 교만의 당기를 꺾어 없애기를 서원하며

일체중생이 지혜의 태양 큰 광명의 당기를 얻어 지혜의 태양 광명으로써 널리 법계를 비추기를 서원

하며

　일체중생이 한량없는 보배로 장엄한 당기를 구족
하여 시방의 일체 세계에 충만케 하여 모든 부처님께
공양하기를 서원하며

　일체중생이 여래의 당기를 얻어 일체 아흔여섯
가지 외도의 삿된 소견을 꺾어 없애기를 서원하는
것입니다.

　이것이 보살마하살이 당기와 번기를 보시할 때에
선근으로 회향하는 것이 되나니

　일체중생으로 하여금 깊고도 깊고 높고도 넓은
보살행의 당기와 그리고 모든 보살의 신통행의 당기
를 얻어 불도를 청정케 하기 위한 까닭입니다.

　불자여, 보살마하살이 수많은 보배창고를 열어
백천억 나유타 모든 묘한 보배로써 수없는 일체중생

에게 보시하되 뜻을 따라 주어 마음에 아까운 생각이 없어서 이 모든 선근으로써 이와 같이 회향하나니

말하자면 일체중생이 항상 불보를 보아 어리석음을 버리고 정념正念을 수행하기를 서원하며

일체중생이 다 법보의 광명을 구족함을 얻어 일체 모든 부처님의 진리의 창고를 보호하여 가지기를 서원하며

일체중생이 능히 다 일체 승보를 섭수하여 두루 보시하고 공양하되 항상 싫어하거나 만족함이 없기를 서원하며

일체중생이 일체 지혜의 더 이상 없는 마음의 보배를 얻어 보리의 마음을 청정케 하되 물러남이 없기를 서원하며

일체중생이 지혜의 보배를 얻어 널리 모든 법에 들어가되 마음에 의혹이 없기를 서원하며

일체중생이 보살의 모든 공덕의 보배를 구족하여

한량없는 지혜를 개시하여 연설하기를 서원하며

일체중생이 한량없는 묘한 공덕의 보배를 얻어 정각의 십력 지혜를 닦아 이루기를 서원하며

일체중생이 묘한 삼매와 열여섯 가지 지혜의 보배를 얻어 구경에 광대한 지혜를 성만하기를 서원하며

일체중생이 제일가는 복전의 보배를 성취하여 여래의 더 이상 없는 지혜에 깨달아 들어가기를 서원하며

일체중생이 제일가는 더 이상 없는 보배의 왕을 성취함을 얻어 끝없는 변재로써 모든 법을 열어 연설하기를 서원하는 것입니다.

이것이 보살마하살이 수많은 보배를 보시할 때에 선근으로 회향하는 것이 되나니

일체중생으로 하여금 다 제일가는 지혜의 보배와 여래의 걸림 없는 청정한 눈의 보배를 성만함을

얻게 하기 위한 까닭입니다.

　불자여, 보살마하살이 혹 가지가지 묘하게 장엄한 기구로써 보시하나니

　말하자면 일체 몸을 장엄하는 기구로 몸으로 하여금 청정하고 묘하게 하여 칭합하고 가可하지 아니함이 없게 하는 것입니다.

　보살마하살이 일체 세간에 중생을 똑같이 관찰하기를 비유하자면 외아들과 같이 하고, 하여금 다 몸이 청정하게 장엄함을 얻어 세간에 최상의 안락과 부처님의 지혜의 즐거움을 성취하여 불법에 안주하여 중생을 이익케 하고자 하기 위하여 이와 같은 등 백천억 나유타 가지가지 수승하고 묘한 보배로 장엄한 기구로써 부지런히 보시를 행하고 보시를 행할 때에 모든 선근으로써 이와 같이 회향하나니

　말하자면 일체중생이 더 이상 없는 묘하게 장엄한

기구를 성취하여 모든 청정한 공덕과 지혜로써 인간과 하늘을 장엄하기를 서원하며

일체중생이 청정하게 장엄한 모습을 얻어 청정한 복덕으로써 그 몸을 장엄하기를 서원하며

일체중생이 최상으로 묘하게 장엄한 모습을 얻어 백 가지 복덕의 모습으로써 그 몸을 장엄하기를 서원하며

일체중생이 뒤섞이어 산란하지 않게 장엄한 모습을 얻어 일체 모습으로써 그 몸을 장엄하기를 서원하며

일체중생이 좋고 맑은 언어로 장엄한 모습을 얻어 가지가지 끝없는 변재를 구족하기를 서원하며

일체중생이 일체 공덕의 음성으로 장엄한 모습을 얻어 그 음성이 청정하여 듣는 이가 기뻐하기를 서원하며

일체중생이 가히 사랑하고 좋아할 모든 부처님의

언어로 장엄한 모습을 얻어 모든 중생으로 하여금 법문을 듣고 환희하여 청정한 행을 닦기를 서원하며

일체중생이 마음으로 장엄한 모습을 얻어 깊은 선정에 들어가 널리 모든 부처님을 친견하기를 서원하며

일체중생이 다라니로 장엄한 모습을 얻어 일체 모든 부처님의 정법을 비추어 밝히기를 서원하며

일체중생이 지혜로 장엄한 모습을 얻어 부처님의 지혜로써 그 마음을 장엄하기를 서원하는 것입니다.

이것이 보살마하살이 일체 장엄한 기구를 은혜롭게 보시할 때에 선근으로 회향하는 것이 되나니

중생으로 하여금 일체 한량없는 불법의 공덕과 지혜를 구족하여 원만하게 장엄하여 영원히 일체 교만과 방일을 떠나게 하기 위한 까닭입니다.

불자여, 보살마하살이 관정을 받은 자재한 왕위와 마니보배관과 그리고 상투 가운데 구슬로써 널리 중생에게 보시하되 마음에 아까운 생각이 없고 항상 부지런히 닦아 익혀 큰 시주가 되어 보시하는 지혜를 수학하며

희사하는 근성과 지혜의 선교를 증장하며

그 마음이 광대하여 일체를 보시하여 저 선근으로써 이와 같이 회향하나니

말하자면 일체중생이 모든 불법의 관정하는 바를 얻어 일체 지혜를 이루기를 서원하며

일체중생이 정상에 육계를 구족하여 제일가는 지혜를 얻어 피안에 이르기를 서원하며

일체중생이 묘한 지혜의 보배로써 널리 중생을 섭수하여 다 하여금 구경에 공덕의 정상에 오르기를 서원하며

일체중생이 다 지혜의 보배 정상을 성취함을 얻어

세간에 예경하는 바를 감수하기를 서원하며

　일체중생이 지혜의 관으로써 그 머리를 장엄하여 일체법에 자재한 왕이 되기를 서원하며

　일체중생이 지혜의 밝은 구슬로써 그 정상에 매어 일체 세간에 능히 볼 사람이 없기를 서원하며

　일체중생이 다 세간의 정례함을 감수하여 지혜의 정상을 성취하여 불법을 비추어 밝히기를 서원하며

　일체중생이 머리에 십력으로 장엄한 관을 써서 지혜의 보배 바다가 청정하게 구족되기를 서원하며

　일체중생이 대지의 정상에 이르러 일체 지혜를 얻어 구경에 십력으로 욕계의 정상에 모든 마군의 권속을 깨뜨리기를 서원하며

　모든 중생이 제일로 더 이상 없는 정상의 왕을 성취함을 얻어 일체 지혜 광명의 정상을 얻어 능히 비춤을 빼앗을 사람이 없기를 서원하는 것입니다.

이것이 보살마하살이 보배의 관을 보시할 때에 선근으로 회향하는 것이 되나니

중생으로 하여금 제일가는 지혜, 가장 청정한 곳에 지혜인 마니의 묘한 보배관을 얻게 하기 위한 까닭입니다.

불자여, 보살마하살이 어떤 중생이 감옥의 어두운 곳에 거처하여 수갑과 형틀과 목에 씌우는 칼과 발에 채우는 쇠사슬로 그 몸을 봉하고 묶이어 일어나고 앉는 것이 편안하지 않고 수많은 고통이 다투어 모여오지만 친척도 아는 이도 없으며

돌아갈 곳도 없고 구하여 주는 이도 없으며

나신이 드러나고 굶주려 파리하며

괴로움이 극심하여 참기 어려운 것을 보고 그 보살이 본 이후에 그가 소유한 일체 재물과 보배와 처자와 권속과 그리고 자신을 희사하여 감옥 가운데

저 중생을 구하기를 대비보살과 묘안왕보살과 같이 하며

이미 구하여 제도한 이후에는 그 중생이 수구하는 바를 따라 널리 다 보시하여 그 고통과 근심을 제멸하여 하여금 안은함을 얻게 하며

그러한 이후에는 더 이상 없는 법보를 보시하여 하여금 방일을 버리고 선근에 편안히 머물러 부처님의 가르침 가운데 마음이 물러남이 없게 합니다.

불자여, 보살마하살이 감옥 가운데 중생을 구제할 때에 모든 선근으로써 이와 같이 회향하나니

말하자면 일체중생이 구경에 탐욕과 사랑의 결박에서 해탈하기를 서원하며

일체중생이 생사에 유전함을 끊고 지혜의 피안에 오르기를 서원하며

일체중생이 어리석음을 제멸하고 지혜를 생장하

여 일체 번뇌의 결박에서 해탈하기를 서원하며

일체중생이 삼계의 결박을 제멸하고 일체 지혜를 얻어 구경에 벗어나기를 서원하며

일체중생이 영원히 일체 번뇌의 결박을 끊고 번뇌도 없고 장애도 없는 땅인 지혜의 피안에 이르기를 서원하며

일체중생이 모든 움직이는 생각과 사유하는 것과 분별하는 것을 떠나 평등하고 움직이지 않는 지혜의 땅에 들어가기를 서원하며

일체중생이 모든 탐욕의 결박에서 해탈하여 영원히 세간에 일체 탐욕을 떠나 삼계 가운데 물들거나 집착하는 바가 없기를 서원하며

일체중생이 최승으로 마음에 좋아하는 것을 얻어 항상 모든 부처님이 법문을 설하여 주심을 입기를 서원하며

일체중생이 집착도 없고 속박도 없는 해탈의 마음

을 얻어 광대하기는 법계와 같고 끝이 없기는 허공계와 같기를 서원하며

일체중생이 보살의 신통을 얻어 일체 세계에 중생을 조복하여 하여금 세간을 떠나 대승에 머물게 하기를 서원하는 것입니다.

이것이 보살마하살이 감옥에 고통받는 중생을 구하여 제도할 때에 선근으로 회향하는 것이 되나니

중생으로 하여금 널리 여래의 지혜의 땅에 들어가게 하기 위한 까닭입니다.

불자여, 보살마하살이 감옥에 죄수가 있어 다섯 곳에 포박함을 입어 모든 고초를 받으며

옥졸이 에워싸고 끌고 핍박하여 장차 사지死地에 나아가 그의 목숨을 끊고자 할 때에 염부제의 일체 좋은 기구를 버리며

친척과 벗을 다 장차 영원히 이별하고 높은 다듬잇돌 위에 안치되어 칼로 베이어 죽으며

혹은 나무창으로써 그 몸을 세로로 꿰이며

옷으로 묶고 기름을 한껏 부어 불로써 태우는 이와 같은 등 고통이 가지가지로 핍박함을 보고, 보살이 본 이후에 스스로 그 몸을 희사하여 대신 고통을 받기를 아일다보살과 수승행왕보살과 그리고 나머지 한량없는 모든 큰 보살이 중생을 위한 까닭으로 스스로 그 몸과 목숨을 희사하여 모든 고초를 받는 것과 같이 하나니 보살이 그때에 옥주에게 일러 말하기를 내가 원컨대 몸을 희사하여 저들의 목숨을 대신할 것이니 이와 같은 등의 고통을 가히 나에게 주되 저 죄인을 다스리는 것과 같이 마음대로 다 하라. 설사 저 죄수의 고통에 아승지 배倍를 지난다 할지라도 내가 또한 마땅히 받아 그 죄수로 하여금 해탈케 하리라.

내가 만약 저 죄수가 장차 살해됨을 입을 것을 보고도 몸과 목숨을 희사하여 그들을 고통에서 구제하지 않는다면 곧 보살의 마음에 머무는 사람이라 이름할 수 없나니

무슨 까닭인가.

내가 일체중생을 구호하여 일체 지혜 보리의 마음을 일으키게 하기 위한 까닭입니다.

불자여, 보살마하살이 스스로 몸과 목숨을 희사하여 중생을 구제할 때에 모든 선근으로써 이와 같이 회향하나니

말하자면 일체중생이 끊어져 다함이 없는 구경究竟의 몸과 목숨을 얻어 일체 재난과 횡액과 핍박과 뇌로움에서 영원히 떠나기를 서원하며

일체중생이 모든 부처님을 의지하여 머물러 일체 지혜를 받아 십력을 구족하고 보리의 수기를 받기를

서원하며

　일체중생이 널리 중생을 구제하여 하여금 두려움이 없게 하여 영원히 악도를 벗어나게 하기를 서원하며

　일체중생이 일체 목숨을 얻어 죽지 않는 지혜의 경계에 들어가기를 서원하며

　일체중생이 영원히 원수와 적을 떠나고 모든 액난이 없어 항상 모든 부처님과 선지식의 섭수하는 바가 되기를 서원하며

　일체중생이 일체 칼과 병장기와 모든 나쁜 고통의 기구를 버리고 가지가지 청정한 선업을 수행하기를 서원하며

　일체중생이 모든 두려움을 버리고 보리수 아래서 마군을 꺾어 항복받기를 서원하며

　일체중생이 대중의 두려움을 버리고 더 이상 없는 법에 마음이 청정하여 두려움이 없이 능히 최상의

큰 사자후를 하기를 서원하며

일체중생이 걸림이 없는 사자의 지혜를 얻어 모든 세간에 정업을 수행하기를 서원하며

일체중생이 두려움이 없는 처소에 이르러 항상 모든 고통받는 중생을 염려하고 구호하기를 서원하는 것입니다.

이것이 보살마하살이 스스로 몸과 목숨을 희사하여 저 형장에 임하는 모든 감옥의 죄수를 구제할 때에 선근으로 회향하는 것이 되나니

중생으로 하여금 생사의 고통을 떠나 여래의 최상으로 묘한 즐거움을 얻게 하기 위한 까닭입니다.

십회향품⑤

불자여, 보살마하살이 구걸하는 사람에게 연부連膚의 정상육계를 보시하되 마치 보계왕보살과 승묘신보살과 그리고 나머지 한량없는 모든 보살 등과 같이 합니다.

보살이 이때에 구걸하는 사람이 오는 것을 보고 마음에 환희를 내어 그 사람에게 일러 말하기를 그대가 지금 만약 연부의 정상육계를 수구한다면 가히 나를 좇아 취하세요. 나의 이 정상육계는 염부제 가운데 최고로 제일입니다.

이 말을 지을 때에 마음이 움직여 산란함이 없어서 나머지 업을 생각하지 아니하며

세간을 버리고 마음에 고요함을 구하며

구경에 청정하며

마음이 부지런하고 바탕이 곧으며

일체 지혜를 향하여 곧 예리한 칼을 잡고 그 머리 위에 연부의 정상육계를 베어 오른쪽 무릎을 땅에 대고 열 손가락의 손바닥을 합하여 일심으로 보시하되 바로 삼세에 일체 모든 부처님과 보살이 행하는 바를 생각하고 큰 환희를 일으켜 마음에 즐거움을 증장하며

모든 법 가운데 그 의미를 잘 열어 이해하여 고통을 취하지 않고 고통의 느낌이 모습도 없고 생겨남도 없으며

모든 느낌이 서로 생기하여 상주함이 없는 줄 요달하여 아나니

이런 까닭으로 내가 응당 과거와 미래와 지금에 일체 보살이 큰 희사를 수행한 것과 같이 깊이 믿는

즐거움의 마음을 일으켜 일체 지혜를 구하기를 물러남이 없이 하되 다른 사람의 가르침과 선지식의 힘을 인유하지 않을 것이다 하였습니다.

　보살마하살이 이 보시를 할 때에 모든 선근으로써 이와 같이 회향하나니

　말하자면 일체중생이 볼 수 없는 정상육계를 얻어 보살의 탑과 같은 육계상을 성취하기를 서원하며

　일체중생이 검푸른 머리카락과 금강과 같은 머리카락과 가늘고 부드러운 머리카락을 얻어 능히 중생의 일체 번뇌를 제멸하기를 서원하며

　일체중생이 윤택한 머리카락과 조밀하고 고운 머리카락과 귀밑과 이마를 범하지 않는 머리카락을 얻기를 서원하며

　일체중생이 부드러운 머리카락과 귀밑과 이마에 다하여 나는 머리카락을 얻기를 서원하며

일체중생이 만卍 자와 같은 머리카락과 소라 문체와 같이 오른쪽으로 감아 돈 머리카락을 얻기를 서원하며

일체중생이 불상佛相의 머리카락을 얻어 일체 번뇌와 번뇌의 습기를 영원히 떠나기를 서원하며

일체중생이 광명의 머리카락을 얻어 그 광명이 시방세계를 널리 비추기를 서원하며

일체중생이 난잡함이 없는 머리카락을 얻어 여래의 머리카락이 깨끗하고 묘하고 난잡함이 없는 것과 같기를 서원하며

일체중생이 응당 공양하고 정례할 불탑을 이룰 머리카락을 얻어 그 보는 사람으로 하여금 부처님의 머리카락을 보는 것과 같기를 서원하며

일체중생이 다 여래의 물들거나 집착함이 없는 머리카락을 얻어 일체 어둠의 가림과 번뇌의 때를 영원히 떠나기를 서원하는 것입니다.

이것이 보살마하살이 연부의 정상육계를 보시할 때에 선근으로 회향하는 것이 되나니

중생으로 하여금 그 마음이 고요하여 다 원만한 모든 다라니를 얻어 여래의 일체종지와 열 가지 힘을 구경에 얻게 하기 위한 까닭입니다.

불자여, 보살마하살이 눈으로써 모두 와서 구걸하는 사람에게 보시하되 마치 환희행보살과 월광왕보살과 그리고 나머지 한량없는 모든 보살 등이 은혜롭게 보시를 행한 바와 같이 합니다.

보살마하살이 눈을 보시할 때에 보시하는 눈을 깨끗이 하려는 마음을 일으키며

지혜의 눈을 깨끗이 하려는 마음을 일으키며

법의 광명을 의지하려는 마음을 일으키며 더 이상 없는 불도를 현재 관찰하려는 마음을 일으키며

광대한 지혜에 회향하려는 마음을 일으키며

삼세에 보살로 더불어 평등하게 보시하려는 마음을 일으키며

걸림이 없는 눈을 일으키고 청정한 믿음을 무너뜨리지 않으려는 마음을 일으키며

그 눈을 구걸하는 사람에게 환희심으로 섭수하려는 마음을 일으키나니

일체 신통을 구경에 얻기 위한 까닭이며

부처님의 눈을 생기하기 위한 까닭이며

광대한 보리의 마음을 증장하기 위한 까닭이며

큰 자비를 닦아 익히기 위한 까닭이며

육근을 제어하여 조복하기 위한 까닭으로 이와 같은 법에 그 마음을 생기합니다.

불자여, 보살마하살이 눈을 보시할 때에 그 눈을 구걸하는 사람에게 마음으로 사랑하고 좋아하는

생각을 내며

  시회를 베풀어 법력을 증장하며

  세간에 사랑하는 소견과 방일을 버리고 떠나며

  욕망의 결박을 제거하여 끊고 보리를 닦아 익히며

  저들이 구하는 바를 따라 마음이 편안하여 움직이
지 아니하며

  그들의 뜻을 어기지 않고 다 하여금 만족케 하되
항상 둘이 없는 보시행을 따라서 이 선근으로써
이와 같이 회향하나니

  말하자면 일체중생이 가장 수승한 눈을 얻어 일체
중생을 보아 인도하기를 서원하며

  일체중생이 걸림이 없는 눈을 얻어 넓은 지혜의
창고를 열기를 서원하며

  일체중생이 청정한 육안을 얻어 광명으로 비추어
능히 가릴 자가 없기를 서원하며

  일체중생이 청정한 천안을 얻어 중생의 나고 죽는

업과 과보를 다 보기를 서원하며

일체중생이 청정한 법안을 얻어 능히 따라 여래의 경계에 들어가기를 서원하며

일체중생이 지혜안을 얻어 일체 분별과 취착을 버리고 떠나기를 서원하며

일체중생이 불안을 구족하여 다 능히 일체 모든 법을 깨닫기를 서원하며

일체중생이 넓은 눈을 성취하여 모든 경계를 다하여 장애하는 바가 없기를 서원하며

일체중생이 청정하여 어리석음의 가림을 떠난 눈을 성취하여 중생의 세계가 공하여 있는 바가 없음을 요달하기를 서원하며

일체중생이 청정하여 걸림이 없는 눈을 구족하여 다 구경에 여래의 십력을 얻기를 서원하는 것입니다.

이것이 보살마하살이 눈을 보시할 때에 선근으로

회향하는 것이 되나니

중생으로 하여금 일체 지혜의 청정한 눈을 얻게
하기 위한 까닭입니다.

불자여, 보살마하살이 능히 귀와 코로써 모든 구
걸하는 사람에게 보시하되 마치 승행왕보살과 무원
승보살과 그리고 나머지 한량없는 모든 보살 등과
같이 합니다.

보살이 보시할 때에 구걸하는 사람에게 친히 가까
이하여 오롯한 마음으로 모든 보살행을 닦아 익히고
부처님의 종성을 갖추어 여래의 집에 태어나며
모든 보살이 닦은 바 보시행을 생각하며
항상 부지런히 모든 부처님의 보리와 청정한 육근
과 공덕과 지혜를 일으켜 삼계가 하나도 견고함이
없는 줄 관찰하고 항상 모든 부처님과 보살을 친견함

을 얻기를 서원하며

일체 불법을 따라 기억하고 생각하여 몸이 허망하고 공하여 있는 바가 없는 줄 알아 탐착하거나 아끼는 바가 없나니,

보살이 이와 같이 귀와 코를 보시할 때에 마음이 항상 고요하여 제근을 조복하며

중생을 험악한 모든 액난에서 건지기를 힘쓰며

일체 지혜의 공덕을 생장하여 큰 시회의 바다에 들어가고 법의 뜻을 요달하여 모든 도를 갖추어 닦고 지혜의 행을 의지하여 법의 자재함을 얻고 견고하지 않는 몸으로써 견고한 몸을 바꿉니다.

불자여, 보살마하살이 귀를 보시할 때에 모든 선근으로써 이와 같이 회향하나니

말하자면 일체중생이 걸림이 없는 귀를 얻어 널리 일체 설법하는 소리를 듣기를 서원하며

일체중생이 막힘이 없는 귀를 얻어 다 능히 일체 소리를 알기를 서원하며

일체중생이 여래의 귀를 얻어 일체를 밝게 듣고 통달하여 막히는 바가 없기를 서원하며

일체중생이 청정한 귀를 얻어 귀의 처소를 인하여 분별심을 내지 않기를 서원하며

일체중생이 귀먹음이 없는 귀를 얻어 몽매한 지식으로 하여금 필경에 생기지 않게 하기를 서원하며

일체중생이 법계에 두루하는 귀를 얻어 일체 모든 부처님의 법음을 다 알기를 서원하며

일체중생이 걸림이 없는 귀를 얻어 일체 걸림이 없는 법을 열어 깨닫기를 서원하며

일체중생이 무너뜨릴 수 없는 귀를 얻어 모든 논리를 잘 알아 능히 무너뜨릴 사람이 없기를 서원하며

일체중생이 널리 듣는 귀를 얻어 광대하고 청정하

여 모든 귀의 왕이 되기를 서원하며

일체중생이 하늘의 귀와 그리고 부처님의 귀를 구족하기를 서원하는 것입니다.

이것이 보살마하살이 귀를 보시할 때에 선근으로 회향하는 것이 되나니

중생으로 하여금 다 청정한 귀를 얻게 하기 위한 까닭입니다.

불자여, 보살마하살이 코를 보시할 때에 이와 같이 회향하나니

말하자면 일체중생이 도톰하고 곧은 코를 얻으며

따라 좋아하는 코를 얻으며

좋은 모습의 코를 얻으며

가히 사랑하고 좋아할 코를 얻으며

청정하고 묘한 코를 얻으며

마땅함을 따르는 코를 얻으며

높이 나타난 코를 얻으며

원수를 조복하는 코를 얻으며

잘 보는 코를 얻으며

여래의 코를 얻기를 서원하며

일체중생이 성냄을 떠난 얼굴을 얻으며

일체법의 얼굴을 얻으며

걸림이 없는 얼굴을 얻으며

보기 좋아하는 얼굴을 얻으며

마땅함을 따르는 얼굴을 얻으며

청정한 얼굴을 얻으며

허물을 떠난 얼굴을 얻으며

여래의 원만한 얼굴을 얻으며

일체 처소에 두루하는 얼굴을 얻으며

한량없이 아름답고 좋은 얼굴을 얻기를 서원하는

것입니다.

이것이 보살마하살이 코를 보시할 때에 선근으로 회향하는 것이 되나니

중생으로 하여금 구경에 모든 불법에 들어감을 얻게 하기 위한 까닭이며

중생으로 하여금 구경에 모든 불법을 섭수하게 하기 위한 까닭이며

중생으로 하여금 구경에 모든 불법을 요달하여 알게 하기 위한 까닭이며

중생으로 하여금 구경에 모든 불법에 머물러 가지게 하기 위한 까닭이며

중생으로 하여금 구경에 항상 모든 여래를 친견하게 하기 위한 까닭이며

중생으로 하여금 다 부처님의 법문을 증득하게 하기 위한 까닭이며

중생으로 하여금 구경에 능히 무너뜨릴 수 없는 마음을 성취케 하기 위한 까닭이며

중생으로 하여금 다 능히 모든 부처님의 정법을 비추어 알게 하기 위한 까닭이며

중생으로 하여금 널리 다 모든 부처님의 국토를 장엄하여 청정케 하기 위한 까닭이며

중생으로 하여금 다 여래의 큰 위신력의 몸을 얻게 하기 위한 까닭입니다.

이것이 보살마하살이 귀와 코를 보시할 때에 선근으로 회향하는 것이 됩니다.

불자여, 보살마하살이 견고하고 자재한 지위 가운데 편안히 머물러 능히 치아로써 모든 중생에게 보시하되 비유하자면 지난 옛날 화치왕보살과 육아상왕보살과 그리고 나머지 한량없는 모든 보살 등과 같이 합니다.

보살마하살이 치아를 보시할 때에 그 마음이 청정하고 희유하여 얻기 어려운 것이 마치 우담바라 꽃과 같나니

말하자면 끝없는 마음으로 보시하며

크게 믿는 마음으로 보시하며

걸음걸음마다 한량없는 희사를 성취하는 마음으로 보시하며

제근을 조복하는 마음으로 보시하며

일체를 다 희사하는 마음으로 보시하며

일체 지혜를 서원하는 마음으로 보시하며

중생을 안락케 하는 마음으로 보시하며

큰마음으로 보시하며

지극한 마음으로 보시하며

수승한 마음으로 보시하며

가장 수승한 마음으로 보시하며

몸에 중요하게 쓰는 것을 버리지만 싫어하거나

한탄하는 바가 없는 마음으로 보시하는 것입니다.

보살이 그때에 모든 선근으로써 회향하나니

말하자면 일체중생이 날카롭고 흰 치아를 얻어 가장 수승한 상아탑을 만들어 하늘과 인간에 공양받기를 서원하며

일체중생이 가지런하고 고른 치아를 얻어 부처님 치아의 모습과 같아 성글거나 이지러짐이 없기를 서원하며

일체중생이 조복하는 마음을 얻어 보살의 바라밀행에 잘 나아가기를 서원하며

일체중생이 입을 잘 청결하여 치아가 곱고 희어 분명하게 나타나기를 서원하며

일체중생이 가히 기억하여 생각할 만한 장엄된 치아를 얻어 그 입이 청정하여 가히 싫은 모습이 없기를 서원하며

일체중생이 치아를 성취하되 사십 개를 원만하게 갖추어 항상 가지가지 희유하고 묘한 향기가 나오기를 서원하며

일체중생이 뜻을 잘 조복하여 치아가 곱고 맑은 것이 백련화와 같고 문체가 감아 돌아 만(卍) 자로 성취되기를 서원하며

일체중생이 입술이 곱고 맑고 치아가 맑고 희어 한량없는 광명을 놓아 두루 비추기를 서원하며

일체중생이 치아가 견고하고 예리하여 먹음에 완전 낟알이 없지만 맛에 집착하는 바가 없어서 최상의 복전이 되기를 서원하며

일체중생이 치아 사이에 항상 광명을 놓아 모든 보살에게 제일가는 수기 주기를 서원하는 것입니다.

이것이 보살마하살이 치아를 보시할 때에 선근으로 회향하는 것이 되나니

중생으로 하여금 일체 지혜를 갖추어 모든 법 가운데 지혜가 청정케 하기 위한 까닭입니다.

불자여, 보살마하살이 만약 어떤 사람이 좇아 와서 혀를 구걸할 때에 구걸하는 사람에게 자비심으로써 부드러운 말과 사랑스러운 말을 하되, 비유하자면 지난 옛날 단정면왕보살과 불퇴전보살과 그리고 나머지 한량없는 모든 보살 등과 같이 합니다.

불자여, 보살마하살이 육취 가운데 생을 받을 때에 한량없는 백천억 나유타 중생이 와서 혀를 구걸함이 있거늘, 보살이 그때에 그 사람을 편안히 모셔 사자의 자리에 앉히고 성냄이 없는 마음과
　　해침이 없는 마음과
　　한탄함이 없는 마음과
　　큰 위덕의 마음과

부처님의 종성으로 좇아 생기한 바 마음과

보살이 머문 곳에 머무는 마음과

항상 혼탁하거나 산란하지 않는 마음과

큰 세력에 머무는 마음과

몸에 집착함이 없는 마음과

말에 집착함이 없는 마음으로써 두 무릎을 땅에 대고 입을 벌려 혀를 내어 구걸하는 사람에게 보이고, 자비한 마음과 부드러운 말로 일러 말하기를 나의 지금 이 몸은 널리 다 그대에게 속하나니 가히 나의 혀를 가져 뜻을 따라 사용하라. 그대의 원하는 바로 하여금 다 만족함을 얻게 할 것이다 하였습니다.

보살이 그때에 모든 선근으로써 이와 같이 회향하나니

말하자면 일체중생이 두루 넓은 혀를 얻어 다

능히 모든 언어의 법을 선설하여 보이기를 서원하며

일체중생이 얼굴을 덮는 혀를 얻어 말하는 바가 둘이 없이 다 진실하기를 서원하며

일체중생이 널리 일체 부처님의 국토를 덮는 혀를 얻어 모든 부처님의 자재한 신통을 시현하기를 서원하며

일체중생이 부드럽고 엷은 혀를 얻어 항상 미묘하고 청정한 최상의 맛을 받기를 서원하며

일체중생이 변재의 혀를 얻어 능히 일체 세간에 의심의 그물을 끊기를 서원하며

일체중생이 광명의 혀를 얻어 능히 수없는 만억 광명을 놓기를 서원하며

일체중생이 결정한 혀를 얻어 모든 법을 변설하되 다함이 없기를 서원하며

일체중생이 널리 조복하는 혀를 얻어 일체 비요秘要를 잘도 능히 열어 보여 소유한 언설을 다 하여금

믿고 받아 가지기를 서원하며

　일체중생이 널리 통달한 혀를 얻어 일체 언어의 큰 바다에 잘 들어가기를 서원하며

　일체중생이 일체 모든 법문을 잘 연설하는 혀를 얻어 언어의 지혜로 다 저 언덕에 이르기를 서원하는 것입니다.

　이것이 보살마하살이 혀를 보시할 때에 선근으로 회향하는 것이 되나니

　중생으로 하여금 다 원만하고 걸림 없는 지혜를 얻게 하기 위한 까닭입니다.

　불자여, 보살마하살이 머리로써 모두 와서 구걸하는 사람에게 보시하되 마치 최승지보살과 그리고 대장부 가시국왕 등과 모든 큰 보살이 행한 바 보시와 같이 하나니

일체법에 들어가는 가장 수승한 지혜의 머리를 성취하고자 하기 위한 것이며

큰 보리를 증득하여 중생을 구제하는 머리를 성취하고자 하기 위한 것이며

일체법을 보는 가장 제일가는 머리를 구족하고자 하기 위한 것이며

바른 소견의 청정한 지혜의 머리를 얻고자 하기 위한 것이며

걸림이 없는 머리를 성취하고자 하기 위한 것이며

제일가는 지위의 머리를 증득하고자 하기 위한 것이며

세간에 가장 수승한 지혜의 머리를 구하고자 하기 위한 것이며

삼계에 능히 정상을 볼 수 없는 청정한 지혜의 머리를 성취하고자 하기 위한 것이며

널리 시방에 이르는 지혜왕의 머리를 시현함을

얻고자 하기 위한 것이며

일체 모든 법이 능히 파괴할 수 없는 자재한 머리를 만족하고자 하기 위한 것입니다.

불자여, 보살마하살이 이 법에 편안히 머물러 부지런히 닦아 익히면 곧바로 모든 부처님의 종성에 들어가며

부처님이 행하신 보시를 배우며

모든 부처님의 처소에 청정한 믿음을 내어 선근을 증장하며

모든 구걸하는 사람으로 하여금 다 환희의 만족을 얻게 하며

그 마음이 청정하여 경사하고 기뻐하는 것이 한량이 없으며

마음이 청정하여 믿고 이해하여 불법을 비추어 밝히며

보리의 뜻을 일으켜 희사하는 마음에 편안히 머물며

육근이 기뻐하여 공덕이 증장하며

좋은 즐거움과 욕망을 내어 항상 광대한 보시를 행하기를 좋아할 것입니다.

보살이 그때에 모든 선근으로써 이와 같이 회향하나니

말하자면 일체중생이 여래의 머리를 얻으며

정상을 볼 수 없는 머리를 얻어 일체 처소에 능히 비추어 가릴 수 없으며

모든 부처님의 세계에 가장 상수가 되며

그 머리카락이 오른쪽으로 돌아 빛이 맑고 윤택하며

만卍 자로 장엄하고 꾸며 세상에 희유한 바이며

부처님의 머리를 구족하며

지혜의 머리와 일체 세간에 최고 제일가는 머리를 성취하며

구족한 머리가 되며

청정한 머리가 되며

도량에 앉아 원만한 지혜의 머리가 되기를 서원하는 것입니다.

이것이 보살마하살이 머리를 보시할 때에 선근으로 회향하는 것이 되나니

중생으로 하여금 수승한 법을 얻어 더 이상 없는 큰 지혜를 이루게 하기 위한 까닭입니다.

불자여, 보살마하살이 그 손과 발로써 모든 중생에게 보시하되 마치 상정진보살과 무우왕보살과 그리고 나머지 한량없는 모든 보살 등이 육취 가운데 가지가지 태어나는 곳마다 손과 발을 보시하는 것과

같이 하나니

믿음으로써 손을 삼고 요익케 하는 행을 일으켜 왕복으로 두루 돌아 부지런히 정법을 닦으며

원컨대 보배 손을 얻어 손으로 보시하며

행하는 바가 헛되지 않아 보살의 도를 구족하며

항상 그 손을 펴서 장차 은혜의 손길 넓히기를 생각하며

편안한 걸음으로 유행함에 용맹하여 겁이 없으며

청정한 믿음의 힘으로써 정진의 행을 구족하며

삼악도를 제멸하고 보리를 성취하려는 것입니다.

불자여, 보살마하살이 이와 같이 보시할 때에 한 량도 없고 끝도 없는 광대한 마음으로써 청정한 법문을 열어 모든 부처님의 바다에 들어가 보시하는 손을 성취하여 두루 시방에 보시하며

원력으로 일체 지혜의 도를 마음대로 가지며

구경에 번뇌의 때를 떠난 마음에 머물러 법신과 지신이 끊어짐도 없고 무너짐도 없으며

일체 마군의 행업이 능히 기울어 움직이게 못하며 선지식을 의지하여 그 마음을 견고하게 하며 모든 보살과 같이 보시바라밀을 수행합니다.

불자여, 보살마하살이 모든 중생을 위하여 일체 지혜를 구하여 손과 발을 보시할 때에 모든 선근으로써 이와 같이 회향하나니

말하자면 일체중생이 신통력을 구족하여 다 보배 손을 얻고 보배 손을 얻은 이후에는 각각 서로 존경하여 복밭이라는 생각을 내어 가지가지 보배로써 다시 서로 공양하며

또 수많은 보배로써 모든 부처님께 공양하고 묘한 보배 구름을 일으켜 모든 부처님의 국토에 두루하게 하며

모든 중생으로 하여금 서로 자비한 마음을 일으켜 서로 뇌롭고 해롭지 않게 하며

모든 부처님의 세계에 유행함에 두려움이 없는 곳에 편안히 머물러 자연스레 구경에 신통을 구족하게 하며

또 하여금 다 보배 손과 꽃의 손과 향의 손과 옷의 손과 일산의 손과 꽃다발의 손과 가루향의 손과 장엄기구의 손과 끝없는 손과 한량없는 손과 넓은 손을 얻게 하고, 손을 얻은 이후에는 신통력으로써 항상 부지런히 일체 부처님의 국토에 나아가 능히 한 손으로써 일체 모든 부처님의 세계를 두루 만지며

자재한 손으로써 모든 중생을 호지하며

묘한 모습의 손을 얻어 한량없는 광명을 놓으며

능히 한 손으로써 널리 중생을 덮어 여래의 손가락에 그물막과 적동색의 손톱 모습을 이루게 하기를

서원하는 것입니다.

보살이 그때에 큰 서원의 손으로써 널리 중생을 덮어 일체중생이 마음에 항상 더 이상 없는 보리를 구하기를 좋아하여 일체 공덕의 큰 바다를 출생하며

와서 구걸하는 사람을 보면 환희하여 싫어함이 없으며

불법의 바다에 들어가 부처님의 선근과 같기를 서원하나니

이것이 보살마하살이 손과 발을 보시할 때에 선근으로 회향하는 것이 됩니다.

불자여, 보살마하살이 몸을 깨뜨려 피를 내어 중생에게 보시하되 마치 법업보살과 선의왕보살과 그리고 나머지 한량없는 모든 보살 등과 같이 하나니

육취 가운데 몸에 피를 보시할 때에 일체 지혜를

성취하려는 마음을 일으키며

큰 보리를 흠모하여 우러러보려는 마음을 일으키며

보살의 행을 즐겁게 닦으려는 마음을 일으키며

고수苦受를 취하지 않으려는 마음을 일으키며

구걸하는 사람을 보고 좋아하려는 마음을 일으키며

와서 구걸하는 사람을 싫어하지 않으려는 마음을 일으키며

일체 보살의 도에 나아가려는 마음을 일으키며

일체 보살이 희사하는 것을 수호하려는 마음을 일으키며

보살이 선심으로 보시한 것을 증광하려는 마음을 일으키며

물러나지 않으려는 마음과 쉬지 않으려는 마음과 자기를 연모하지 않으려는 마음을 일으키려는 것

입니다.

　모든 선근으로써 이와 같이 회향하나니

　말하자면 일체중생이 다 법신과 지신을 성취함을
얻기를 서원하며

　일체중생이 피로하거나 게으름이 없는 몸을 얻어
마치 금강과 같기를 서원하며

　일체중생이 가히 무너뜨릴 수 없는 몸을 얻어
능히 상하게 하거나 해치게 할 수 없기를 서원하며

　일체중생이 변화신과 같은 몸을 얻어 널리 세간에
시현하여 다함이 없기를 서원하며

　일체중생이 가히 사랑하고 좋아하는 몸을 얻어
청정하고 묘하고 견고하기를 서원하며

　일체중생이 법계에 태어나는 몸을 얻어 여래와
같아 의지할 바가 없기를 서원하며

　일체중생이 묘한 보배 광명과 같은 몸을 얻어

일체 세간의 사람이 능히 비추어 가릴 수 없기를
서원하며

일체중생이 지혜 창고의 몸을 얻어 죽지 않는
세계에서 자재함을 얻기를 서원하며

일체중생이 보배 바다의 몸을 얻어 보는 사람이
다 이익을 얻어 헛되이 지나는 사람이 없기를 서원
하며

일체중생이 허공의 몸을 얻어 세간에 번민과 근심
이 능히 물들게 하거나 집착하게 할 수 없기를 서원하
는 것입니다.

이것이 보살마하살이 몸에 피를 보시할 때에 대승
의 마음과 청정한 마음과 광대한 마음과 기뻐하는
마음과 경사하고 다행히 여기는 마음과 환희하는
마음과 증상하는 마음과 안락한 마음과 혼탁함이
없는 마음의 선근으로 회향하는 것이 됩니다.

불자여, 보살마하살이 그 몸에 골수와 살을 구걸하는 사람이 있음을 보면 환희하여 부드러운 말로 구걸하는 사람에게 일러 말하기를 나의 몸에 골수와 살을 뜻을 따라 가져가서 쓰되 마치 요익보살과 일체시왕보살과 그리고 나머지 한량없는 모든 보살 등과 같이 하라 하나니

육취 가운데 가지가지로 태어나는 곳에 그 골수와 살로써 구걸하는 사람에게 보시할 때에 환희가 광대하여 보시하는 마음이 증장하며

모든 보살과 같이 선근을 닦아 익히며

모든 티끌의 때를 떠나 깊이 마음에 즐거움을 얻으며

몸으로써 널리 보시하지만 마음에 다함이 없으며

한량없는 광대한 선근을 구족하며

일체 묘한 공덕의 보배를 섭수하며

보살의 법과 같이 받아서 행하되 싫어함이 없으며

마음에 항상 보시하는 공덕을 사랑하고 좋아하며
일체를 두루 보시하지만 마음에 후회가 없으며
모든 법이 인연으로 좇아 자체가 없는 줄 살피고
관찰하여 보시하는 업과 그리고 업의 과보를 탐착하
지 않고 만나는 바 사람을 따라서 평등하게 보시하려
는 것입니다.

불자여, 보살마하살이 이와 같이 보시할 때에 일
체 모든 부처님이 다 앞에 나타나나니 아버지와
같이 생각하여 보호하여 염려해 줌을 얻는 까닭이며
일체중생이 다 앞에 나타나나니 널리 하여금 청정
한 법에 편안히 머물게 하는 까닭이며
일체 세계가 다 앞에 나타나나니 일체 부처님의
국토를 장엄하여 청정케 하는 까닭이며
일체중생이 다 앞에 나타나나니 대비심으로써
널리 구호하는 까닭이며

일체 불도가 다 앞에 나타나나니 여래의 열 가지 힘을 관찰하기를 좋아하는 까닭이며

과거와 미래와 현재의 일체 보살이 다 앞에 나타나나니 원만한 모든 선근을 다 함께 하는 까닭이며

일체 두려움이 없는 것이 다 앞에 나타나나니 능히 최상의 사자 소리를 짓는 까닭이며

일체 삼세가 앞에 나타나나니 평등한 지혜를 얻어 널리 관찰하는 까닭이며

일체 세간이 다 앞에 나타나나니 광대한 서원을 일으켜 미래세월이 다하도록 보리를 수행하는 까닭이며

일체 보살의 피곤하거나 싫어함이 없는 행이 앞에 나타나나니 수도 없고 한량도 없는 광대한 마음을 일으키는 까닭입니다.

불자여, 보살마하살이 골수와 살을 보시할 때에

이 선근으로써 회향하나니

　말하자면 일체중생이 금강과 같은 몸을 얻어 가히 무너뜨릴 수 없기를 서원하며

　일체중생이 견고한 몸을 얻어 항상 이지러지거나 감소함이 없기를 서원하며

　일체중생이 의생신을 얻어 마치 부처님의 몸이 장엄되고 청정한 것과 같기를 서원하며

　일체중생이 백 가지 복덕상의 몸을 얻어 삼십이상으로 스스로 장엄하기를 서원하며

　일체중생이 팔십종호로 묘하게 장엄한 몸을 얻어 십력을 구족하여 가히 끊어지거나 무너뜨릴 수 없기를 서원하며

　일체중생이 여래의 몸을 얻어 구경에 청정하여 가히 한량이 없기를 서원하며

　일체중생이 견고한 몸을 얻어 일체 마군과 원수가 능히 무너뜨릴 수 없기를 서원하며

일체중생이 한 모습의 몸을 얻어 삼세의 모든 부처님으로 더불어 몸의 모습이 동일하기를 서원하며

일체중생이 걸림이 없는 몸을 얻어 청정한 법신이 허공계에 두루하기를 서원하며

일체중생이 보리 창고(菩提藏)의 몸을 얻어 널리 능히 일체 세간을 용납하기를 서원하는 것입니다.

이것이 보살마하살이 일체 지혜를 구하고자 골수와 살을 보시할 때에 선근으로 회향하는 것이 되나니 중생으로 하여금 다 여래의 구경에 청정하고 한량없는 몸을 얻게 하기 위한 까닭입니다.

불자여, 보살마하살이 마음으로써 모두 와서 구걸하는 사람에게 보시하되 마치 무외염보살과 무애왕보살과 그리고 나머지 한량없는 모든 큰 보살과

같이 하나니

그 보살이 자기의 심장으로써 구걸하는 사람에게 보시할 때에 자재한 보시를 배우는 마음과

일체의 보시를 닦는 마음과 보시바라밀을 익혀 행하는 마음과

보시바라밀을 성취하는 마음과

일체 보살의 보시를 배우는 마음과

일체를 다 희사하되 끝이 없이 하는 마음과

일체를 다 보시하되 관습적으로 하는 마음과

일체 보살이 보시하는 행을 짊어지는 마음과

일체 모든 부처님이 앞에 나타나심을 바로 생각하는 마음과

일체 모두 와서 구걸하는 사람에게 공양하되 끊어짐이 없는 마음으로 합니다.

보살마하살이 이와 같이 보시할 때에 그 마음이

청정한 것이 일체중생을 제도하고자 하기 위한 까닭이며

　십력과 보리의 처소를 얻고자 하기 위한 까닭이며

　큰 서원을 의지하여 수행하고자 하기 위한 까닭이며

　보살의 도에 편안히 머물고자 하기 위한 까닭이며

　일체 지혜를 성취하고자 하기 위한 까닭이며

　본래의 서원을 버리지 않고자 하기 위한 까닭입니다.

　모든 선근으로써 이와 같이 회향하나니

　말하자면 일체중생이 금강창고의 마음을 얻어 일체 금강산 등이 능히 무너뜨리지 못하기를 서원하며

　일체중생이 만卍 자의 모습으로 장엄한 금강세계의 마음을 얻기를 서원하며

능히 동요함이 없는 마음을 얻기를 서원하며

가히 두려움이 없는 마음을 얻기를 서원하며

세간을 이익하되 항상 다함이 없는 마음을 얻기를 서원하며

크게 용맹한 당기와 같은 지혜 창고의 마음을 얻기를 서원하며

나라연의 견고한 당기와 같은 마음을 얻기를 서원하며

중생의 바다가 가히 다할 수 없는 것과 같은 마음을 얻기를 서원하며

나라연의 창고를 능히 무너뜨릴 수 없는 것과 같은 마음을 얻기를 서원하며

모든 마군의 업과 마군의 대중을 제멸하는 마음을 얻기를 서원하며

두려울 바가 없는 마음을 얻기를 서원하며

큰 위덕의 마음을 얻기를 서원하며

항상 정진하는 마음을 얻기를 서원하며

크게 용맹스런 마음을 얻기를 서원하며

놀라거나 두려워하지 않는 마음을 얻기를 서원
하며

금강의 갑옷과 투구를 입는 마음을 얻기를 서원
하며

모든 보살의 최상의 마음을 얻기를 서원하며

불법의 보리광명을 성취하는 마음을 얻기를 서원
하며

보리수 아래에 앉아 일체 모든 부처님의 정법에
편안히 머물러 모든 미혹을 떠나 일체 지혜를 이루는
마음을 얻기를 서원하며

십력을 성취하는 마음을 얻기를 서원하는 것입
니다.

이것이 보살마하살이 심장을 보시할 때에 선근으

로 회향하는 것이 되나니

중생으로 하여금 세간에 물들지 않고 여래의 십력의 마음을 구족케 하기 위한 까닭입니다.

불자여, 보살마하살이 만약 장과 콩팥과 간과 허파를 구걸하는 사람이 있다면 다 보시하되 마치 선시보살과 항마자재왕보살과 그리고 나머지 한량없는 모든 큰 보살과 같이 하나니

이 보시를 행할 때에 구걸하는 사람이 오는 것을 보고 그 마음이 환희하여 사랑스러운 눈으로 보며

보리를 구하기 위하여 그들이 수구하는 바를 따라 다 보시하지만 마음이 중간에 후회하지 아니하며

이 몸이 견고함이 없는 줄 관찰하고 내가 응당 저 몸을 보시하여 견고한 몸을 가질 것이다 하며

다시 생각하기를 이 몸이 이윽고 곧 썩어 무너지면 보는 사람이 싫어함을 내고 여우와 이리와 주린

개에게 먹히는 바가 되며,

이 몸은 무상하여 마침내 마땅히 버려 다른 짐승에게 먹히는 바가 될지라도 깨달아 알 바가 없을 것이다 하였습니다.

불자여, 보살마하살이 이러한 관찰을 지을 때에 몸이 무상하고 더러움이 지극한 줄 알아 저 법을 이해하고 깊이 깨달아 큰 환희심을 내며 공경하는 마음으로 저 구걸하러 온 사람을 자세히 보되 마치 선지식이 와서 보호하려는 생각과 같이 하여 구걸하는 바를 따라 은혜롭게 보시하지 아니함이 없어서 견고하지 못한 몸으로써 견고한 몸을 바꿉니다.

불자여, 보살마하살이 이와 같이 보시할 때에 소유한 선근으로써 다 회향하나니

일체중생이 지혜 창고의 몸을 얻어 안과 밖으로

청정하기를 서원하며

일체중생이 복덕 창고의 몸을 얻어 능히 널리 일체 지혜를 임지하기를 서원하며

일체중생이 최상의 묘한 몸을 얻어 안으로 묘한 향기를 모으고 밖으로 광명을 일으키기를 서원하며

일체중생이 배가 나타나지 않는 몸을 얻어 상하가 단정하고 곧고 사지 마디가 서로 맞기를 서원하며

일체중생이 지혜의 몸을 얻어 불법의 맛으로써 만족하여 기뻐하고 자라기를 서원하며

일체중생이 끝이 없는 몸을 얻어 깊고도 깊은 법성을 닦아 익혀 편안히 머물기를 서원하며

일체중생이 다라니의 청정한 창고의 몸을 얻어 묘한 변재로써 모든 법을 현시하기를 서원하며

일체중생이 청정한 몸을 얻어 혹 몸과 혹 마음이 안과 밖으로 함께 청정하기를 서원하며

일체중생이 여래의 지혜로 깊이 관찰하고 행하는

몸을 얻어 지혜가 충만하여 큰 법의 비를 내리기를
서원하며

  일체중생이 안으로 적멸의 몸을 얻어 밖으로 중생
을 위하여 지혜 당기의 왕을 짓고 큰 광명을 놓아
일체 세계를 널리 비추기를 서원하는 것입니다.

  이것이 보살마하살이 장과 콩팥과 간과 허파를
보시할 때에 선근으로 회향하는 것이 되나니
  중생으로 하여금 안과 밖이 청정하여 다 걸림이
없는 지혜에 편안히 머무름을 얻게 하기 위한 까닭입
니다.

  불자여, 보살마하살이 구걸하는 사람에게 사지의
뼈마디와 모든 뼈를 보시하되 마치 법장보살과 광명
왕보살과 그리고 나머지 한량없는 모든 큰 보살과
같이 하나니

그 몸에 사지의 뼈마디와 뼈를 보시할 때에 구걸하는 사람이 오는 것을 보고 사랑하고 좋아하는 마음과 환희하는 마음과 청정하게 믿는 마음과 편안하고 즐거운 마음과 용맹한 마음과 자비한 마음과 걸림이 없는 마음과 청정한 마음과 구걸하는 바를 따라서 다 보시하는 마음을 생기합니다.

보살마하살이 몸에 뼈를 보시할 때에 모든 선근으로써 이와 같이 회향하나니

말하자면 일체중생이 화현함과 같은 몸을 얻어 다시는 뼈와 살과 피의 몸을 받지 않기를 서원하며

일체중생이 금강의 몸을 얻어 가히 파괴할 수 없고 능히 이길 사람이 없기를 서원하며

일체중생이 일체 지혜의 원만한 법신을 얻어 속박도 없고 집착도 없고 매임도 없는 세계에 태어나기를 서원하며

일체중생이 지혜력의 몸을 얻어 육근이 원만하여 끊어지지도 않고 무너지지도 않기를 서원하며

일체중생이 법력의 몸을 얻어 지혜의 힘이 자재하여 피안에 이르기를 서원하며

일체중생이 견고한 몸을 얻어 그 몸이 진실하여 항상 무너지지 않기를 서원하며

일체중생이 따라 응하는 몸을 얻어 일체중생을 교화하여 조복하기를 서원하며

일체중생이 지혜로 훈습한 몸을 얻어 나라연과 같이 사지의 뼈마디에 큰 힘을 갖추기를 서원하며

일체중생이 견고함이 상속하여 끊어지지 않는 몸을 얻어 일체 피곤함이 지극한 것과 피로하여 게으른 것을 영원히 떠나기를 서원하며

일체중생이 큰 힘으로 편안히 머무는 몸을 얻어 다 능히 정진의 큰 힘을 구족하기를 서원하며

일체중생이 세간에 두루하여 평등한 법신을 얻어

한량없는 최상의 지혜처에 머물기를 서원하며

일체중생이 복덕력의 몸을 얻어 보는 사람이 이익을 입고 수많은 악을 멀리 떠나기를 서원하며

일체중생이 의지할 곳이 없는 몸을 얻어 의지하여 집착함이 없는 지혜를 다 얻어 구족하기를 서원하며

일체중생이 부처님께서 섭수하는 몸을 얻어 항상 일체 모든 부처님께서 가호하시기를 서원하며

일체중생이 널리 모든 중생을 요익케 하는 몸을 얻어 다 능히 일체 모든 길에 두루 들어가기를 서원하며

일체중생이 널리 비추어 나타내는 몸을 얻어 널리 능히 일체 불법을 비추어 나타내기를 서원하며

일체중생이 갖추어 정진하는 몸을 얻어 오롯한 생각으로 대승의 지혜와 행을 부지런히 닦기를 서원하며

일체중생이 아만을 드러내어 높이는 것을 떠난

청정한 몸을 얻어 지혜가 항상 편안히 머물러 동요하거나 산란하는 바가 없기를 서원하며

일체중생이 견고한 행의 몸을 얻어 대승의 일체 지혜의 업을 성취하기를 서원하며

일체중생이 부처님의 가문에 몸을 얻어 세간의 일체 생사를 영원히 떠나기를 서원하는 것입니다.

이것이 보살마하살이 몸에 뼈를 보시할 때에 선근으로 회향하는 것이 되나니

중생으로 하여금 일체 지혜를 얻어 영원히 청정케 하기 위한 까닭입니다.

불자여, 보살마하살이 어떤 사람이 와서 손에 예리한 칼을 잡고 그 몸에 가죽을 구걸함을 보고 마음에 환희를 내어 육근이 기쁘고 즐거운 것이, 비유하자면 어떤 사람이 무거운 은혜를 입은 사람에게 은혜로

이 보시하는 것과 같아 크게 맞아들여 자리를 펴서 하여금 앉게 하고 몸을 굽혀 공경하여 이와 같이 생각하기를, 여기에 와서 구걸하는 사람은 매우 만나기 어려운 것이다. 이 사람은 나의 일체 지혜와 서원을 만족케 하고자 하여 짐짓 와서 구하고 찾아 나를 요익케 하는 것이다 하여 환희하고 화평한 얼굴로 말하기를, 내가 지금에 이 몸의 일체를 다 희사하리니 구하는 바 가죽을 뜻을 따라 가져가서 쓰되, 마치 지난 옛날에 청정장보살과 금협록보살과 그리고 나머지 한량없는 모든 큰 보살과 같이 하여 평등하게 다름이 없이 하라 하였습니다.

보살이 그때에 모든 선근으로써 이와 같이 회향하나니

말하자면 일체중생이 미세한 피부(가죽)를 얻어 마치 여래의 색상이 청정하여 보는 사람이 싫어함이

없는 것과 같기를 서원하며

　일체중생이 무너지지 않는 피부를 얻어 마치 금강을 능히 무너뜨릴 사람이 없는 것과 같기를 서원하며

　일체중생이 금색의 피부를 얻어 마치 염부단의 최상으로 묘한 진금이 청정하고 밝고 맑은 것과 같기를 서원하며

　일체중생이 한량없는 색상의 피부를 얻어 그들의 마음에 좋아함을 따라 청정한 색상을 나타내기를 서원하며

　일체중생이 청정하고 묘한 색상의 피부를 얻어 사문의 선하고 부드럽고 청정한 모습과 여래의 색상을 구족하기를 서원하며

　일체중생이 제일가는 색상의 피부를 얻어 자성이 청정하고 색상이 비교할 데가 없기를 서원하며

　일체중생이 여래의 청정한 색상의 피부를 얻어 모든 상호로써 스스로 장엄하기를 서원하며

일체중생이 묘한 색상의 피부를 얻어 큰 광명을
놓아 일체 세계를 널리 비추기를 서원하며

일체중생이 밝은 그물 피부를 얻어 세간의 높은
당기에 가히 말할 수 없는 원만한 광명을 놓는 것과
같기를 서원하며

일체중생이 윤택한 색상의 피부를 얻어 일체 색상
이 다 청정하기를 서원하는 것입니다.

이것이 보살마하살이 몸에 피부(가죽)를 보시할
때에 선근으로 회향하는 것이 되나니

중생으로 하여금 다 일체가 장엄되어 청정한 부처
님의 세계를 얻어 여래의 큰 공덕을 구족하게 하기
위한 까닭입
니다.

불자여, 보살마하살이 손가락과 발가락으로써 모

든 구걸하는 사람에게 보시하되 마치 견정진보살과 염부제 자재왕보살과 그리고 나머지 한량없는 모든 큰 보살과 같이 하나니

보살이 그때에 얼굴이 평화롭고 기쁘며

그 마음이 편안하고 좋으며

거꾸러짐이 없으며

대승을 타며

아름다운 욕망을 구하지 아니하며

명예와 소문을 숭상하지 아니하며

다만 보살의 광대한 뜻을 일으켜 간탐과 질투와 일체 모든 번뇌를 멀리 여의고 오로지 여래의 더 이상 없는 묘한 법을 향하여 갑니다.

불자여, 보살마하살이 이와 같이 보시할 때에 모든 선근을 섭수하여 다 회향하나니

일체중생이 가늘고 긴 손가락과 발가락을 얻어

부처님으로 더불어 다름이 없기를 서원하며

일체중생이 통통하고 둥근 손가락과 발가락을 얻어 상하가 서로 칭합하기를 서원하며

일체중생이 적동색 손톱과 발톱이 있는 손가락과 발가락을 얻어 그 손톱과 발톱이 볼록 나와 청정하고 비추어 사무치기를 서원하며

일체중생이 일체 지혜가 수승한 대장부의 손가락과 발가락을 얻어 다 능히 일체 모든 법을 섭지하기를 서원하며

일체중생이 수호를 갖춘 손가락과 발가락을 얻어 십력을 구족하기를 서원하며

일체중생이 대인의 손가락과 발가락을 얻어 가늘고 통통하고 가지런하고 똑같기를 서원하며

일체중생이 법륜 모습의 손가락과 발가락을 얻어 손가락과 발가락의 마디가 원만하고 법륜의 문체가 오른쪽으로 돌아 있기를 서원하며

일체중생이 연꽃과 같은 만卍 자가 오른쪽으로 있는 손가락과 발가락을 얻어 십력의 업보로 상호가 장엄하기를 서원하며

일체중생이 광명 창고의 손가락과 발가락을 얻어 큰 광명을 놓아 가히 말할 수 없는 모든 부처님의 세계를 비추기를 서원誓願하며

일체중생이 잘 편안하게 펴지는 손가락과 발가락을 얻어 좋은 기술로 분포하여 망만이 구족하기를 서원하는 것입니다.

이것이 보살마하살이 손가락과 발가락을 보시할 때에 선근으로 회향하는 것이 되나니

중생으로 하여금 일체가 다 마음이 청정함을 얻게 하기 위한 까닭입니다.

불자여, 보살마하살이 법을 청하여 구할 때에 만

약 어떤 사람이 말하기를 그대가 능히 나에게 살이 붙은 손톱을 보시한다면 마땅히 그대에게 법을 줄 것이다 한다면, 보살이 답하여 말하기를 다만 나에게 법을 주기만 한다면 살이 붙은 손톱을 뜻을 따라 가져가서 쓰되 마치 구법자재왕보살과 무진보살과 그리고 나머지 한량없는 모든 큰 보살과 같이 하라 하나니

법을 구하기 위한 까닭이며

정법으로써 열어 보이고 연설하여 중생을 요익케 하여 일체중생으로 다 하여금 만족함을 얻게 하고자 하기 위한 까닭으로 살이 붙은 손톱을 희사하여 모든 구걸하는 사람에게 보시하는 것입니다.

보살이 그때에 이 선근으로써 이와 같이 회향하나니

말하자면 일체중생이 다 모든 부처님의 적동색

모습의 손톱을 얻기를 서원하며

　일체중생이 윤택한 손톱을 얻어 수호隨好로 장엄
하기를 서원하며

　일체중생이 빛이 깨끗한 손톱을 얻어 비추어 사무
치는 것이 제일이기를 서원하며

　일체중생이 일체 지혜의 손톱을 얻어 대인의 모습
을 갖추기를 서원하며

　일체중생이 비교할 수 없는 손톱을 얻어 모든
세간에 물들거나 집착하는 바가 없기를 서원하며

　일체중생이 묘하게 장엄한 손톱을 얻어 광명이
일체 세간에 널리 비치기를 서원하며

　일체중생이 무너지지 않는 손톱을 얻어 청정하고
이지러짐이 없기를 서원하며

　일체중생이 일체 불법에 들어가는 방편 모습의
손톱을 얻어 광대한 지혜가 다 청정하기를 서원하며

　일체중생이 선업으로 생기하는 손톱을 얻어 보살

의 업과 과보가 청정하고 묘하지 아니함이 없기를
서원하며

일체중생이 일체 지혜가 큰 도사의 손톱을 얻어
한량없는 색상에 묘한 광명의 창고를 놓기를 서원하
는 것입니다.

이것이 보살마하살이 법을 청하여 구하기 위한
까닭으로 살이 붙은 손톱을 보시할 때에 선근으로
회향하는 것이 되나니

중생으로 하여금 모든 부처님의 일체 지혜의 손톱
인 걸림 없는 힘을 구족케 하기 위한 까닭입니다.

불자여, 보살마하살이 부처님의 법장을 구하되
공경하고 존중하여 얻기 어렵다는 생각을 낼 적에
능히 설법하는 사람이 있어 나에게 와서 말하기를
만약 능히 그대의 몸을 일곱 길 불구덩이에 던진다면

마땅히 그대에게 법을 보시할 것이다 한다면, 보살은 들은 이후에 환희하고 뛰면서 이와 같이 사유하기를 내가 법을 위한 까닭으로 오히려 응당 아비지옥 등 일체 악취에 오랫동안 머물러 한량없는 고통도 받을 것이어든 어찌 하물며 겨우 인간의 불구덩이에 들어가고도 곧 법문 들음을 얻는 것이겠는가.

신기하다 정법을 심히 얻기 쉽도다. 지옥의 한량없는 고초를 받지 않고도 다만 불구덩이에만 들어간다면 곧 법문 들음을 얻는다니 다만 나를 위하여 법문을 설하기만 한다면 내가 불구덩이에 들어가되, 마치 구선법왕보살과 금강사유보살과 같이 하여 법을 구하기 위한 까닭으로 불구덩이 가운데 들어갈 것이다 하였습니다.

보살이 그때에 이 선근으로써 이와 같이 회향하나니

말하자면 일체중생이 부처님께서 머무신 바 일체 지혜의 법에 머물러 영원히 더 이상 없는 보리에서 물러나지 않기를 서원하며

일체중생이 모든 험난한 곳을 떠나 부처님의 안락을 받기를 서원하며

일체중생이 두려움이 없는 마음을 얻어 모든 두려움에서 떠나기를 서원하며

일체중생이 항상 법을 구하기를 즐거워하여 기뻐하고 즐거워함을 구족하여 수많은 법으로 장엄하기를 서원하며

일체중생이 모든 악취를 떠나 일체 삼독의 치성한 불을 소멸하여 제거하기를 서원하며

일체중생이 항상 안락을 얻어 여래의 수승하고 묘한 안락의 일을 구족하기를 서원하며

일체중생이 보살의 마음을 얻어 일체 탐욕과 성냄과 어리석음의 불을 영원히 떠나기를 서원하며

일체중생이 보살의 모든 삼매의 즐거움을 얻어 널리 모든 부처님을 친견하고 마음이 크게 환희하기를 서원하며

일체중생이 정법을 잘 설하여 저 법을 구경에 항상 잊음이 없기를 서원하며

일체중생이 보살의 신통의 묘한 즐거움을 구족하여 구경에 일체종지에 편안히 머물기를 서원하는 것입니다.

이것이 보살마하살이 정법을 구하기 위하여 불구덩이에 몸을 던질 때에 선근으로 회향하는 것이 되나니

중생으로 하여금 장애하는 업을 떠나 다 지혜의 불을 구족함을 얻게 하기 위한 까닭입니다.

불자여, 보살마하살이 정법을 구하기 위하여 분별

하고 연설하며

보살의 길을 열어 보리의 길을 보이며

더 이상 없는 지혜에 나아가 부지런히 십력을 수행하며

일체 지혜의 마음을 널리 보여 걸림이 없는 지혜의 법을 얻으며

중생으로 하여금 청정케 하여 보살의 경계에 머물게 하며

큰 지혜를 부지런히 닦아 부처님의 보리를 보호하려 할 때에 몸으로써 한량없는 고뇌를 갖추어 받되 마치 구선법보살과 용맹왕보살과 그리고 나머지 한량없는 모든 큰 보살과 같이 하여 법을 구하기 위한 까닭으로 한량없는 고통을 받으며

내지 정법을 비방하며 악업으로 덮인 바며

마업으로 가진 바인 지극히 큰 악인을 섭수하고 취하여 저들이 응당 받을 바 일체 고뇌를 법을 구하는

까닭으로 다 받습니다.

이 선근으로써 이와 같이 회향하나니

말하자면 일체중생이 영원히 일체 고뇌와 핍박을 떠나 안락하고 자재한 신통을 성취하기를 서원하며

일체중생이 영원히 모든 고통을 떠나 일체 즐거움을 얻기를 서원하며

일체중생이 영원히 고통의 뭉치를 소멸하여 비추어 나타내는 몸을 얻어 항상 안락함을 받기를 서원하며

일체중생이 고통의 감옥에서 뛰어나 지혜의 행을 성취하기를 서원하며

일체중생이 안은한 도를 얻어 모든 악취를 떠나기를 서원하며

일체중생이 법의 즐거움을 얻어 영원히 수많은 고통을 끊기를 서원하며

일체중생이 영원히 수많은 고통을 뽑아내어 서로
서로 사랑하고 손해케 하는 마음이 없기를 서원하며

일체중생이 모든 부처님의 즐거움을 얻어 생사의
고통을 떠나기를 서원하며

일체중생이 청정하기 비교할 데 없는 안락을 성취
하여 일체 고뇌가 능히 손해케 할 수 없기를 서원하며

일체중생이 일체 수승한 즐거움을 얻어 구경에
부처님의 걸림 없는 즐거움을 구족하기를 서원하는
것입니다.

이것이 보살마하살이 법을 구하기 위한 까닭으로
수많은 고통을 받을 때에 선근으로 회향하는 것이
되나니

일체중생을 구호하여 하여금 험난한 길을 버리고
일체 지혜의 장애하는 바가 없는 해탈의 처소에
머물게 하고자 하기 위한 까닭입니다.

불자여, 보살마하살이 왕위에 거처하여 정법을 구할 때에 내지 다만 한 문장 한 글자 한 구절 한 뜻만을 위하여도 얻기 어렵다는 생각을 내어 사해四海 안에 있는 바인 혹 가깝고 혹 먼 곳의 국토와 성과 읍과 사람과 창고와 동산과 못과 집과 나무와 숲과 꽃과 과실을 능히 다 희사하며

내지 일체 진귀하고 묘한 물건과 궁전과 누각과 처자와 권속과 그리고 왕위를 다 능히 희사하여 견고하지 않는 가운데 견고한 법을 구하며

일체중생을 이익케 하고자 하기 위하여 모든 부처님의 걸림 없는 해탈과 구경에 청정한 일체 지혜의 도를 부지런히 구하되 마치 대세덕보살과 승덕왕보살과 그리고 나머지 한량없는 모든 큰 보살과 같이 하여 부지런히 정법을 구하며

내지 지극히 적은 한 글자를 위하여도 오체를 땅에 던져 삼세에 일체 불법을 바로 생각하며

사랑하고 좋아하여 닦아 익히고 영원히 명문과 이양을 탐착하지 아니하며

모든 세간에 자재한 왕위를 버리고 부처님의 자재한 법왕의 지위를 구하며

세간의 즐거움에 마음이 집착하는 바가 없고 출세간의 법으로써 그 마음을 장양하며

세간의 일체 희론을 영원히 버리고 모든 부처님의 희론이 없는 법에 머뭅니다.

보살이 그때에 모든 선근으로써 이와 같이 회향하나니

말하자면 일체중생이 항상 은혜롭게 보시하기를 좋아하여 일체를 다 버리기를 서원하며

일체중생이 능히 소유한 것을 버리되 마음 가운데 후회함이 없기를 서원하며

일체중생이 항상 정법을 구하되 몸과 목숨과 삶을

돕는 기구를 아끼지 않기를 서원하며

일체중생이 다 법의 이익을 얻어 능히 일체중생의 의혹을 끊기를 서원하며

일체중생이 선법의 욕심을 얻어 마음에 항상 모든 부처님의 정법을 기뻐하고 좋아하기를 서원하며

일체중생이 불법을 구하기 위하여 능히 몸과 목숨과 그리고 왕위를 버리고 큰마음으로 더 이상 없는 보리를 닦아 익히기를 서원하며

일체중생이 정법을 존중하여 항상 깊이 사랑하고 좋아하여 몸과 목숨을 아끼지 않기를 서원하며

일체중생이 모든 부처님의 매우 얻기 어려운 법을 호지하여 항상 부지런히 닦아 익히기를 서원하며

일체중생이 다 모든 부처님의 보리의 광명을 얻어 보리의 행을 성취하지만 다른 사람의 깨달음을 인유하지 않기를 서원하며

일체중생이 항상 능히 일체 불법을 관찰하여 의심

의 화살을 뽑아 제거하고 마음에 안은을 얻기를
서원하는 것입니다.

이것이 보살마하살이 정법을 구하기 위하여 국
토와 성과 읍을 희사할 때에 선근으로 회향하는
것이 되나니

중생으로 하여금 지견이 원만하여 항상 안은한
도에 머무름을 얻게 하고자 하기 위한 까닭입니다.

불자여, 보살마하살이 큰 국왕이 되어 법에 자재
하여 널리 왕명을 행하여 하여금 살생하는 업을
제멸하게 하되 염부제 안에 성과 읍과 마을과 부락에
일체 죽이는 것을 다 하여금 금지하고 끊어 발이
없는 것과 두 발이 있는 것과 네 발이 있는 것과
많은 발이 있는 가지가지 중생의 유형에게 널리
두려움이 없음을 보시하여 속이고 빼앗는 마음이

없으며

널리 일체 보살의 모든 행을 닦으며

인자한 마음으로 중생에게 임하여 침해하거나 뇌로움을 행하지 아니하며

기묘한 보배의 마음을 일으켜 중생을 안은하게 하며

모든 부처님의 처소에서 깊이 마음에 좋아하는 것을 세우며

항상 스스로 삼취정계에 편안히 머물며

또한 중생으로 하여금 이와 같이 삼취정계에 편안히 머물게 하며

보살마하살이 모든 중생으로 하여금 오계에 머물러 영원히 살생하는 업을 끊게 합니다.

이 선근으로써 이와 같이 회향하나니

말하자면 일체중생이 보살의 마음을 일으켜 지혜

를 구족하고 영원히 수명을 보전하여 끝남이 없기를
서원하며

일체중생이 한량없는 세월에 머물러 일체 부처님
께 공양하고 공경하고 부지런히 닦아 다시 수명을
증장하기를 서원하며

일체중생이 늙고 병듦을 떠나는 법을 갖추어 수행
하여 일체 재앙의 독이 그 목숨을 해치지 못하기를
서원하며

일체중생이 병으로 고뇌함이 없는 몸을 갖추어
성취하여 수명이 자재하여 능히 뜻을 따라 머물기를
서원하며

일체중생이 끝이 없는 목숨을 얻어 미래세월이
다하도록 보살의 행에 머물러 일체중생을 교화하고
조복하기를 서원하며

일체중생이 수명의 문門이 되어 십력의 선근이
그 가운데 증장하기를 서원하며

일체중생이 선근을 구족하여 끝이 없는 목숨을 얻어 큰 서원을 이루어 만족하기를 서원하며

일체중생이 다 모든 부처님을 친견하여 공양하고 받들어 섬기되 끝이 없는 수명에 머물러 선근을 닦아 익히기를 서원하며

일체중생이 여래의 처소에서 배울 바를 잘 배워 성스러운 진리의 기쁨을 얻어 수명이 끝이 없기를 서원하며

일체중생이 늙지도 않고 병들지도 않고 영원히 머무는 목숨을 얻어 용맹스레 정진하여 부처님의 지혜에 들어가기를 서원하는 것입니다.

이것이 보살마하살이 삼취정계에 머물러 영원히 살생하는 업을 끊게 할 때에 선근으로 회향하는 것이 되나니

중생으로 하여금 부처님의 십력이 원만한 지혜를

얻게 하기 위한 까닭입니다.

불자여, 보살마하살이 어떤 중생이 마음에 잔인한 생각을 품어 모든 사람과 축생이 소유한 남자의 형상을 손상하여 그들의 몸으로 하여금 이지러지고 무지러지게 하여 모든 고초를 받게 하는 것을 보고, 이 사실을 본 이후에는 대비심을 일으켜 그들을 어여삐 여겨 구제하며

염부제에 일체 사람도 하여금 모두 다 이 업을 버리게 하나니

보살이 그때에 그 사람에게 일러 말하기를 그대는 무슨 까닭으로 이런 악업을 짓는가.

나에게 창고가 백천만억 개가 있으되 일체 좋아할 만한 기구가 다 가득하니 그대가 수구하는 바를 따라 다 마땅히 상대하여 공급하리라.

그대가 하는 바는 수많은 죄업으로 인유하여 생긴

것이니

내가 지금 그대에게 권하노니 이런 일을 짓지 말아라.

그대가 짓는 바 업은 도리와는 같지 못한 것이다.

설사 얻는 바가 있다 한들 어느 곳에 가히 쓰겠는가.

다른 사람을 손해케 하고 자기를 이익케 하는 것은 마침내 옳을 곳이 없나니 이와 같이 악행과 모든 선하지 못한 법은 일체 여래가 칭찬하지 않는 바이다.

이 말을 한 이후에 곧 소유한 일체 좋아할 기구로써 다 보시하고 다시 좋은 말로써 그를 위하여 묘한 법을 설하여 그로 하여금 환희케 하나니

말하자면 고요한 법을 보여 그로 하여금 믿고 받아가지게 하며

선하지 못한 법을 제멸하고 청정한 업을 수행케

하며

서로 자비한 마음을 일으켜 서로 손해케 하지 말라 하여 저 사람이 들은 이후에 영원히 죄악을 버리게 하는 것입니다.

보살이 그때에 이 선근으로써 이와 같이 회향하나니

말하자면 일체중생이 대장부의 모습을 갖추어 여래의 말과 같은 음장의 모습을 성취하기를 서원하며

일체중생이 남자의 모습을 갖추어 용맹한 마음을 일으켜 모든 청정한 행을 닦기를 서원하며

일체중생이 용맹한 힘을 갖추어 항상 주도하고 걸림이 없는 지혜에 머물러 영원히 물러나지 않기를 서원하며

일체중생이 다 대장부의 몸을 구족함을 얻어 영원히 욕심을 떠나 물들거나 집착함이 없기를 서원하며

일체중생이 다 선남자를 성취하는 법을 얻어 지혜를 증장하여 모든 부처님이 찬탄하는 바가 되기를 서원하며

일체중생이 널리 대인의 힘을 구족함을 얻어 항상 능히 십력의 선근을 닦아 익히기를 서원하며

일체중생이 영원히 남자의 모습을 잃거나 무너뜨리지 아니하여 항상 복덕과 지혜의 미증유법을 닦기를 서원하며

일체중생이 오욕 가운데 집착도 없고 속박도 없어 마음에 해탈을 얻어 삼계를 싫어하여 버리고 보살의 행에 머물기를 서원하며

일체중생이 제일가는 지혜의 대장부를 성취하여 일체중생이 종宗 삼고 믿어 그의 교화에 복종하기를 서원하며

일체중생이 보살 대장부의 지혜를 구족하여 오래지 않아 당래에 더 이상 없는 부처님을 이루기를

서원하는 것입니다.

이것이 보살마하살이 일체 남자의 모습을 훼손하여 없애는 것을 금하여 못하게 하는 선근으로 회향하는 것이 되나니

중생으로 하여금 대장부의 모습을 구족하여 다 능히 모든 착한 대장부를 수호케 하기 위한 것이며

성현의 집에 태어나 지혜를 구족케 하기 위한 것이며

항상 부지런히 대장부의 수승한 행을 닦아 익히게 하기 위한 것이며

대장부의 작용이 있어서 교묘하게 능히 일곱 가지 대장부의 도를 현시하기 위한 것이며

모든 부처님의 착한 대장부의 종성과 대장부의 바른 가르침과 대장부의 용맹과 대장부의 정진과 대장부의 지혜와 대장부의 청정을 구족하여 널리

중생으로 하여금 구경에 다 얻게 하기 위한 것입
니다.

십회향품 ⑥

불자여, 보살마하살이 만약 여래가 세간에 출흥하여 정법을 열어 연설하시는 것을 본다면 큰 음성으로써 널리 일체중생에게 이르기를 여래가 세간에 출흥하셨으며 여래가 세간에 출흥하셨도다 하여 모든 중생으로 하여금 부처님의 이름을 얻어 듣고 일체 아만과 희론을 버려 떠나게 하며

다시 인도하여 하여금 빨리 부처님을 보게 하고 하여금 부처님을 기억하여 생각하게 하고 하여금 부처님께 돌아가 향하게 하고 하여금 부처님을 반연하게 하고 하여금 부처님을 관찰하게 하고 하여금 부처님을 찬탄하게 하며

다시 널리 말하기를 부처님은 만나기 어렵다 천만

억 세월 그때에 이에 한 번 출흥하신다 하여 중생으로 하여금 이것을 인유하여 부처님을 친견함을 얻고 청정한 믿음을 내어 뛰고 환희하여 존중하고 공양케 하며

다시 부처님의 처소에서 모든 부처님의 이름을 듣고 전전히 다시 수없는 모든 부처님을 만나 모든 선근의 근본을 심어 닦아 익히고 증장케 합니다.

그때에 수없는 백천만억 나유타 중생이 부처님을 친견함을 인한 까닭으로 다 청정함을 얻어 구경에 조복하며

저 모든 중생이 저 보살의 처소에서 다 최상의 선지식이라는 생각을 내며

보살을 인한 까닭으로 불법을 성취하여 수없는 세월에 심은 바 선근으로써 널리 세간에 불사를 베풀어 짓습니다.

불자여, 보살마하살이 중생에게 열어 보여 하여금 부처님을 친견하게 할 때에 모든 선근으로써 이와 같이 회향하나니

말하자면 일체중생이 권유함을 기다리지 않고 스스로 가서 부처님을 친견하여 받들어 섬기고 공양하여 다 하여금 환희케 하기를 서원하며

일체중생이 항상 부처님 친견하기를 좋아하여 마음에 그치거나 버림이 없기를 서원하며

일체중생이 항상 부지런히 광대한 지혜를 닦아 익혀 일체 모든 부처님의 법장을 받아 가지기를 서원하며

일체중생이 듣는 바 소리를 따라 다 불법을 깨달아 한량없는 세월에 보살행을 닦기를 서원하며

일체중생이 바른 생각에 편안히 머물러 항상 지혜의 눈으로써 부처님이 출흥하심을 보기를 서원하며

일체중생이 다른 업을 생각하지 않고 항상 부처님

친견하기만을 생각하여 부지런히 십력을 닦기를 서원하며

일체중생이 일체 처소에서 항상 부처님을 친견하여 여래가 허공 세계에 두루한 줄 요달하기를 서원하며

일체중생이 다 부처님의 자재한 몸을 구족함을 얻어 널리 시방에서 도를 이루고 설법하기를 서원하며

일체중생이 선지식을 만나 항상 불법을 듣고 모든 여래에게 무너지지 않는 믿음을 얻기를 서원하며

일체중생이 다 능히 모든 부처님이 출흥하심을 칭찬하여 그 보는 사람으로 하여금 널리 청정함을 얻게 하기를 서원하는 것입니다.

이것이 보살마하살이 부처님이 출흥하심을 찬탄하는 선근으로 회향하는 것이 되나니

중생으로 하여금 일체 부처님을 친견하여 공양하고 받들어 섬겨 더 이상 없는 법에 구경에 청정케 하기 위한 까닭입니다.

불자여, 보살마하살이 큰 땅을 희사하되 혹 모든 부처님께 보시하여 정사精舍를 지으며

혹 보살과 그리고 선지식에게 보시하여 뜻을 따라 쓰게 하는 바이며

혹 많은 스님에게 보시하여 머물러 거처하게 하며

혹 부모에게 보시하며

혹 다른 사람과 성문과 독각과 가지가지 복전에 보시하고 내지 일체 가난한 사람과 고독한 사람과 그리고 나머지 사부대중에게 뜻을 따라 다 보시하여 하여금 궁핍한 바가 없게 하며

혹 여래의 탑묘를 지음에 보시하여 이와 같은 등 모든 처소 가운데 다 삶을 돕는 온갖 기구를

갖추어 하여금 뜻을 따라 사용하여 두려운 바가
없게 합니다.

보살마하살이 어느 방소를 따라 땅을 보시할 때에
모든 선근으로써 이와 같이 회향하나니

말하자면 일체중생이 청정한 일체 지혜의 땅을
구족하여 다 보현의 수많은 행의 피안에 이르기를
서원하며

일체중생이 다라니의 땅을 얻어 바른 생각으로
일체 불법을 받아 가지기를 서원하며

일체중생이 머물러 가지는 힘을 얻어 항상 능히
일체 부처님의 가르침을 수호하기를 서원하며

일체중생이 땅과 같은 마음을 얻어 모든 중생에게
뜻이 항상 청정하여 나쁜 생각이 없기를 서원하며

일체중생이 모든 부처님의 종성을 가져 보살의
모든 지위 차례를 성취하여 끊어짐이 없기를 서원

하며

　일체중생이 널리 일체중생을 위하여 안은한 처소를 지어 다 하여금 조복하여 청정한 도에 머물기를 서원하며

　일체중생이 모든 부처님이 세간을 이익케 함과 같이 하여금 부지런히 수행하여 부처님의 힘에 편안히 머물게 하기를 서원하며

　일체중생이 널리 세간의 사랑하고 즐거워하는 바가 되어 다 하여금 더 이상 없는 부처님의 즐거움에 편안히 머물게 하기를 서원하며

　일체중생이 좋은 방편을 얻어 부처님의 모든 힘과 두려움이 없는 법 가운데 머물기를 서원하며

　일체중생이 십지와 같은 지혜를 얻어 자유자재로 일체 불법을 닦아 행하기를 서원하는 것입니다.

　이것이 보살마하살이 큰 땅을 보시할 때에 선근으

로 회향하는 것이 되나니

중생으로 하여금 다 구경에 일체 여래의 청정한 땅을 얻게 하기 위한 까닭입니다.

불자여, 보살마하살이 종을 보시하여 일체 모든 부처님과 보살과 진선지식에게 공양하며

혹 승보에게 보시하며

혹 부모와 존귀하고 수승한 복전에게 봉양하며

혹 다시 병으로 고통받는 중생에게 보시하여 하여금 모자라거나 궁핍함이 없어 그 목숨이 살아 있게 하며

혹 다시 빈궁한 사람과 고독한 사람과 그리고 나머지 일체 쳐다보지도 모시지도 않는 사람에게 보시하며

혹 여래의 탑묘를 수호하기 위하며

혹 모든 부처님의 정법을 쓰고 가지기 위하여

백천억 나유타 종으로써 때를 따라 보시하되 그 모든 종들이 다 총명하고 지혜롭고 착하고 교묘하며

성품이 스스로 조순하며

항상 부지런히 정진하여 게으름이 없으며

바탕이 곧은 마음과 안락한 마음과 이익케 하는 마음과 인자한 마음과 공경하고 아끼는 마음과 원한이 없는 마음과 원적이 없는 마음을 갖추어 능히 받는 사람의 지방 풍속에 마땅한 바를 따라서 저곳 저 사람 가운데 모든 이익을 지으며

또 모두 보살의 청정한 업으로 좇아 감득한 바 재능과 기술과 공교와 산수를 통달하지 아니함이 없으며

잘도 능히 받들고 모셔 그 마음을 기쁘게 합니다.

보살이 그때에 모든 선근으로써 이와 같이 회향하나니

말하자면 일체중생이 조순하는 마음을 얻어 일체 부처님의 처소에서 선근을 닦아 익히기를 서원하며

일체중생이 일체 모든 부처님께 수순하고 공양하여 부처님께서 설하신 바를 다 능히 듣고 받아 가지기를 서원하며

일체중생이 부처님께서 섭수하심을 얻어 항상 여래를 보고 다시 다른 생각이 없기를 서원하며

일체중생이 부처님의 종성을 무너뜨리지 않고 부지런히 일체 공덕을 닦아 부처님의 선근을 따르기를 서원하며

일체중생이 항상 부지런히 일체 모든 부처님께 공양하여 헛되이 지나는 때가 없기를 서원하며

일체중생이 일체 모든 부처님의 묘한 뜻을 섭수하여 가져 말이 청정하여 유행함에 두려움이 없기를 서원하며

일체중생이 항상 부처님을 친견하기를 좋아하되

마음에 싫어하거나 만족함이 없어서 모든 부처님의 처소에 몸과 목숨을 아끼지 않기를 서원하며

일체중생이 모든 부처님을 친견함을 얻어 마음에 물들거나 집착함이 없어서 세간에 의지할 바를 떠나기를 서원하며

일체중생이 다만 부처님께 귀의하여 영원히 일체 삿된 귀의처를 떠나기를 서원하며

일체중생이 불도를 수순하여 마음에 항상 더 이상 없는 불법을 즐겁게 관찰하기를 서원하는 것입니다.

이것이 보살마하살이 종을 보시할 때에 선근으로 회향하는 것이 되나니

중생으로 하여금 육진의 번뇌를 멀리 떠나 부처님의 땅을 청정하게 다스려 능히 여래의 자재한 몸을 나타내게 하기 위한 까닭입니다.

불자여, 보살마하살이 이 몸으로써 모두 와서 구걸하는 사람에게 보시하되 보시할 때에 겸손하여 낮추는 마음을 내며

땅과 같은 마음을 내며

수많은 고통을 참고 받으면서도 변하여 움직이지 않는 마음을 내며

중생에게 공급하고 모시되 피곤해 하거나 싫어하지 않는 마음을 내며

모든 중생에게 마치 자애한 어머니와 같이 소유한 수많은 선행을 다 돌려주려는 마음을 내며

모든 어리석고 험하고 지극히 악한 중생이 가지가지로 침노하고 능멸하여도 다 너그럽게 용서하는 마음을 내어 선근에 편안히 머물러 정성을 다하여 부지런히 공급하고 섬깁니다.

보살이 그때에 다 선근으로써 이와 같이 회향하

나니

말하자면 일체중생이 수구하는 바를 따라서 항상 모자라거나 궁핍함이 없기를 서원하며

보살의 행을 닦아 항상하여 잠깐도 끊어짐이 없기를 서원하며

일체 보살의 의리를 버리지 않기를 서원하며

보살이 행한 바 도에 잘 머물기를 서원하며

보살의 평등한 법성을 요달하기를 서원하며

여래의 종족 수數에 있음을 얻기를 서원하며

진실한 말에 머물러 보살의 행을 가지기를 서원하며

모든 세간으로 하여금 청정한 불법을 얻어 깊은 마음으로 믿고 알아 법을 구경까지 증득하기를 서원하며

모든 중생으로 하여금 청정한 증상선근을 출생하게 하기를 서원하며

큰 공덕에 머물러 일체 지혜를 구족하기를 서원하며

또 이 선근으로써 일체중생으로 하여금 항상 일체 모든 부처님께 공양함을 얻고 일체법을 알아 받아 가지고 읽고 외워 잊지도 않고 잃지도 않고 무너지지도 않고 흩어지지도 않게 하고 마음을 잘 조복하여 조복하지 못한 사람을 하여금 조복케 하고, 고요한 법으로써 정숙하게 익혀 저 중생으로 하여금 모두 부처님의 처소에서 이와 같은 일을 머물러 가지게 하기를 서원하며

또 이 선근으로써 일체중생으로 하여금 제일가는 탑을 만들어 응당 세간에 가지가지 공양을 받게 하기를 서원하며

일체중생으로 하여금 최상의 복전을 이루고 부처님의 지혜를 얻어 일체중생을 열어 깨닫게 하기를 서원하며

일체중생으로 하여금 최상으로 추앙받는 사람이
되어 널리 능히 일체중생을 요익케 하기를 서원하며

일체중생으로 하여금 최상의 복전과 이익을 이루
게 하여 능히 하여금 일체 선근을 구족케 하기를
서원하며

일체중생으로 하여금 제일 좋은 보시할 처소를
만들게 하여 능히 하여금 한량없는 복덕의 과보를
얻게 하기를 서원하며

일체중생으로 하여금 삼계 가운데서 다 벗어남을
얻게 하기를 서원하며

일체중생으로 하여금 제일가는 도사가 되어 능히
세간을 위하여 여실한 도를 보이게 하기를 서원하며

일체중생으로 하여금 묘한 다라니를 얻어 일체
모든 부처님의 정법을 갖추어 가지게 하기를 서원
하며

일체중생으로 하여금 한량없는 제일가는 법계法

界를 증득하여 허공같이 걸림이 없는 바른 도를 구족
케 하기를 서원하는 것입니다.

이것이 보살마하살이 자기의 몸을 보시할 때에
선근으로 회향하는 것이 되나니
중생으로 하여금 다 응당 공양 받을 한량없는
지혜의 몸을 얻게 하기 위한 까닭입니다.

불자여, 보살마하살이 법문을 듣고 기뻐하여 청정
하게 믿는 마음을 내어 능히 그 몸으로써 모든 부처님
께 공양하며
더 이상 없는 진리의 보배를 기뻐하고 좋아하고
믿고 알며
모든 부처님의 처소에 부모라는 생각을 내며
걸림이 없는 도의 진리를 읽고 외우고 받아 가지며
수없는 나유타의 법과 큰 지혜의 보배와 모든

선근의 문에 널리 들어가며

　마음에 항상 한량없는 모든 부처님을 기억하여 생각하며

　부처님 경계의 깊고 먼 의리에 들어가며

　능히 여래의 미묘하고 비밀한 범음梵音으로써 불법의 구름을 일으켜 불법의 비를 내리되 용맹하고 자재하며

　능히 일체 지혜인의 제일가는 지위를 분별하여 설하며

　살바야 승乘을 갖추어 성취하며

　한량없는 백천억 나유타의 큰 법으로써 제근諸根을 이루어 만족케 합니다.

　불자여, 보살마하살이 모든 부처님의 처소에서 이와 같은 법문을 듣고 환희가 한량이 없으며

　정법에 편안히 머물러 스스로 의혹을 끊으며

또한 다른 사람으로 하여금 끊게 하여 마음을 항상 기쁘고 밝게 하며

공덕을 이루어 만족하고 선근을 구족하며

뜻이 항상 상속하여 중생을 이익케 하며

마음이 항상 다하지 아니하여 가장 수승한 지혜를 얻으며

금강의 창고를 이루어 모든 부처님을 친근하며

모든 부처님의 세계를 청정히 하여 항상 부지런히 일체 여래에게 공양합니다.

보살이 그때에 모든 선근으로써 이와 같이 회향하나니

말하자면 일체중생이 다 원만하고 가장 수승한 몸을 얻어 일체 모든 부처님의 섭수하는 바가 되기를 서원하며

일체중생이 항상 모든 부처님을 친근하여 모든

부처님을 의지하여 머물고 항상 우러러봄을 얻어 일찍이 멀리 떠나지 않기를 서원하며

일체중생이 다 청정하고 무너지지 않는 몸을 얻어 일체 공덕과 지혜를 구족하기를 서원하며

일체중생이 항상 부지런히 일체 모든 부처님께 공양하여 얻을 바가 없는 구경의 청정한 행을 행하기를 서원하며

일체중생이 무아의 몸을 얻어 아와 아소를 떠나기를 서원하며

일체중생이 다 능히 몸을 나누어 시방세계에 두루하게 하되 마치 그림자가 나타나는 것과 같이 오고감이 없기를 서원하며

일체중생이 자유자재한 몸을 얻어 널리 시방으로 가고 오지만 나도 없고 받아 나는 곳도 없기를 서원하며

일체중생이 부처님의 몸을 좇아 태어나 여래의

더 이상 없는 몸의 집에 거처하여 살기를 서원하며

　일체중생이 법력의 몸을 얻어 인욕의 큰 힘을 능히 무너뜨릴 사람이 없기를 서원하며

　일체중생이 비교할 수 없는 몸을 얻어 여래의 청정한 법신을 성취하기를 서원하며

　일체중생이 세간을 벗어난 공덕의 몸을 성취하여 얻을 바 없는 청정한 법계에 태어나기를 서원하는 것입니다.

　이것이 보살마하살이 몸으로써 부처님께 공양할 때에 선근으로 회향하는 것이 되나니

　중생으로 하여금 영원히 삼세 모든 부처님의 집에 머물게 하기 위한 까닭입니다.

　불자여, 보살마하살이 이 몸으로써 일체중생에게 보시하나니

널리 하여금 선근을 성취하며 선근을 기억하여 생각하게 하고자 하기 위한 것입니다.

보살마하살이 스스로 그 몸이 크고 밝은 등불이 되어 널리 능히 일체중생을 비추기를 서원하며

수많은 즐길 기구가 되어 널리 능히 일체중생을 섭수하기를 서원하며

묘한 법의 창고가 되어 널리 능히 일체중생을 마음대로 가지기를 서원하며

청정한 광명이 되어 널리 능히 일체중생을 깨우치기를 서원하며

세상에 빛의 그림자가 되어 널리 중생으로 하여금 항상 봄을 얻게 하기를 서원하며

선근의 인연이 되어 널리 중생으로 하여금 항상 만남을 얻게 하기를 서원하며

선지식이 되어 일체중생으로 하여금 다 가르침을

입게 하기를 서원하며

평탄한 길이 되어 일체중생으로 하여금 다 밟음을 얻게 하기를 서원하며

더 이상 없는 구족한 안락이 되어 일체중생으로 하여금 고통을 떠나 청정케 하기를 서원하며

밝고 맑은 태양이 되어 널리 세간에 평등한 이익을 짓기를 서원하는 것입니다.

보살이 그때에 모든 선근으로써 이와 같이 회향하나니

말하자면 일체중생이 항상 부처님을 친근하여 부처님의 지혜의 땅에 들어가기를 서원하며

일체중생이 수순하는 지혜를 얻어 더 이상 없는 깨달음에 머물기를 서원하며

일체중생이 항상 부처님의 회상에 거처하여 뜻이 잘 조복되기를 서원하며

일체중생이 행하는 바가 법칙이 있어서 부처님의 위의를 갖추기를 서원하며

일체중생이 다 열반을 얻어 법의 의리를 깊이 알기를 서원하며

일체중생이 만족할 줄 아는 행을 갖추어 여래의 집에 태어나기를 서원하며

일체중생이 무명의 욕망을 버리고 부처님 뜻의 즐거움에 머물기를 서원하며

일체중생이 수승한 선근을 내어 보리수에 앉기를 서원하며

일체중생이 번뇌의 도적을 죽이고 원수를 해치려는 마음을 떠나기를 서원하며

일체중생이 일체 불법을 구족하고 호지하기를 서원하는 것입니다.

이것이 보살마하살이 몸으로써 일체중생에게 보

시할 때에 선근으로 회향하는 것이 되나니

일체중생을 이익하여 하여금 더 이상 없는 안은한
처소를 얻게 하고자 하기 위한 까닭입니다.

불자여, 보살마하살이 스스로 그 몸으로써 모든
부처님께 공급하여 모시고 모든 부처님의 처소에서
무거운 은혜를 갚기를 생각하되 부모를 생각하는
것과 같이 하며

모든 여래에게 깊이 믿고 좋아하는 생각을 일으
키며

청정한 마음으로써 부처님의 보리를 수호하며

모든 불법에 머물러 세간의 생각을 떠나 여래의
집에 태어나며

모든 부처님을 수순하고 마군의 경계를 떠나며

일체 모든 부처님이 행하신 바를 요달하며

일체 모든 부처님의 법기를 성취하였습니다.

보살이 그때에 이 선근으로써 이와 같이 회향하나니

말하자면 일체중생이 청정한 마음을 얻어 일체 지혜의 보배로 스스로 장엄하기를 서원하며

일체중생이 잘 조복하는 곳에 머물러 일체 모든 착하지 못한 업을 멀리 떠나기를 서원하며

일체중생이 가히 무너뜨릴 수 없는 견고한 권속을 얻어 널리 능히 모든 부처님의 정법을 섭수하기를 서원하며

일체중생이 부처님의 제자가 되어 보살의 관정지 위에 이르기를 서원하며

일체중생이 항상 모든 부처님의 섭수하는 바가 되어 일체 착하지 못한 법을 영원히 떠나기를 서원하며

일체중생이 모든 부처님을 수순하여 보살의 가장 수승한 법을 수행하기를 서원하며

일체중생이 부처님의 경계에 들어가 모두 다 일체 지혜의 수기 받음을 얻기를 서원하며

일체중생이 모든 여래로 더불어 다 평등하여 일체 불법에 자재하지 아니함이 없기를 서원하며

일체중생이 다 모든 부처님의 섭수하는 바가 되어 항상 능히 취착이 없는 업을 수행하기를 서원하며

일체중생이 항상 모든 부처님의 제일가는 시자가 되어 일체 부처님의 처소에서 지혜의 행을 수행하기를 서원하는 것입니다.

이것이 보살마하살이 모든 부처님을 몸으로써 공급하여 모실 때에 선근으로 회향하는 것이 되나니

모든 부처님의 보리를 증득하고자 하기 위한 것이며

일체중생을 구호하고자 하기 위한 것이며

일체 삼계에서 벗어나고자 하기 위한 것이며

손해도 뇌로움도 없는 마음을 성취하고자 하기
위한 것이며

한량없이 광대한 보리를 얻게 하고자 하기 위한
것이며

불법을 비추는 지혜를 성취하고자 하기 위한 것
이며

항상 모든 부처님의 섭수함을 입고자 하기 위한
것이며

모든 부처님의 호지하는 바를 얻게 하고자 하기
위한 것이며

일체 불법을 믿고 알게 하고자 하기 위한 것이며

삼세에 부처님으로 더불어 평등한 선근을 성취하
고자 하기 위한 것이며

후회도 한탄도 없는 마음을 원만히 하여 일체
모든 불법을 증득하고자 하기 위한 까닭입니다.

불자여, 보살마하살이 국토에 일체 모든 물건을 보시하며 내지 왕위도 다 또한 능히 희사하지만 모든 세상사에 마음이 자재함을 얻어 매임도 없고 속박도 없고 연모하여 집착하는 바도 없으며

나쁜 업을 멀리 떠나 중생을 요익케 하며

업의 결과에 집착하지도 않고 세상의 법을 좋아하지도 아니하며

다시 삼유의 태어나는 곳에 탐착하거나 물들지 아니하며

비록 세간에 머물지만 이곳에 태어나지 아니하며

마음이 오온, 십팔계, 십이처의 법에 집착하지 아니하며

안과 밖의 법에 마음이 의지하여 머물지 아니하며

항상 모든 보살의 행을 잊지 아니하며

일찍이 모든 선지식을 멀리 떠나지 아니하며

모든 보살의 광대한 행과 서원을 가지며

항상 일체 선지식을 받들어 섬기기를 좋아합니다.

보살이 그때에 이 선근으로써 이와 같이 회향하나니

말하자면 일체중생이 큰 법왕이 되어 법에 자재하여 피안에 이르기를 서원하며

일체중생이 불법의 왕을 이루어 일체 번뇌의 원수와 도적을 꺾어 없애기를 서원하며

일체중생이 부처님의 왕위에 머물러 여래의 지혜를 얻어 불법을 열어 연설하기를 서원하며

일체중생이 부처님의 경계에 머물러 능히 더 이상 없는 자재한 법륜을 전하기를 서원하며

일체중생이 여래의 집에 태어나 법에 자재하여 부처님의 종성을 호지하여 영원히 하여금 끊어지지 않기를 서원하며

일체중생이 한량없는 법왕의 정법을 열어 보여

끝없는 모든 큰 보살을 성취하기를 서원하며

일체중생이 청정한 법계에 머물러 큰 법왕이 되어 부처님의 출현을 시현하되 서로 이어져 끊어지지 않기를 서원하며

일체중생이 모든 세계에 지혜의 왕이 되어 중생을 교화하여 인도하되 잠시도 버리지 않기를 서원하며

일체중생이 널리 법계와 허공계 등 모든 세계 가운데 일체중생을 위하여 법을 시주하는 사람이 되어 그 중생으로 하여금 다 대승에 머무름을 얻게 하기를 서원하며

일체중생이 수많은 선근을 구족성취한 왕을 얻어 삼세의 부처님으로 더불어 선근이 같기를 서원하는 것입니다.

이것이 보살마하살이 왕위를 보시할 때에 선근으로 회향하는 것이 되나니

저 일체중생으로 하여금 구경에 안은한 곳에 머물게 하고자 하기 위한 까닭입니다.

불자여, 보살마하살이 어떤 사람이 와서 왕의 경도京都와 장엄되어 화려한 큰 성과 그리고 관방關防에서 소유한 세금을 구걸함을 보면 모두 다 보시하되 마음에 아낌이 없고 오로지 보리를 향하여 큰 서원을 일으키며

대자에 머무르고 대비를 행하며

뜻이 환희하고 기뻐 중생을 이익케 하며

광대한 지혜로써 깊은 법을 알며

모든 부처님의 평등한 법성에 편안히 머무나니

마음을 일으켜 일체 지혜를 구하기 위한 까닭이며

자재한 법에 깊은 즐거움을 일으키기 위한 까닭이며

자재한 지혜에 증득함을 구하기 위한 까닭이며

일체 모든 공덕을 청정하게 닦기 위한 까닭이며

견고하고 광대한 지혜에 머물기 위한 까닭이며

일체 모든 선근을 널리 모으기 위한 까닭이며

일체 불법의 서원을 수행하기 위한 까닭이며

큰 지혜의 법을 자연스레 깨닫기 위한 까닭이며

보리심에 편안히 머물러 물러나지 않기 위한 까닭이며

일체 보살의 행원을 닦아 익혀 일체종지를 구경에 다하기 위한 까닭으로 보시를 행합니다.

이 선근으로써 이와 같이 회향하나니

말하자면 일체중생이 다 능히 한량없는 찰토를 장엄하고 청정케 하여 모든 부처님께 받들어 보시하여 모든 부처님이 머무를 처소가 되기를 서원하며

일체중생이 항상 고요한 곳에 머물러 살기를 좋아하여 고요히 앉아 움직이지 않기를 서원하며

일체중생이 영원히 왕도와 마을과 부락을 의지하지 않고 마음이 고요한 곳을 좋아하여 영원히 구경究竟까지 얻기를 서원하며

일체중생이 영원히 일체 세간에 집착하는 것을 좋아하지 않고 세간에 언어를 항상 멀리 떠나는 것을 좋아하기를 서원하며

일체중생이 탐욕을 떠난 마음을 얻어 모든 소유한 것을 보시하지만 마음 가운데 후회함이 없기를 서원하며

일체중생이 벗어나는 마음을 얻어 모든 가업을 희사하기를 서원하며

일체중생이 인색함이 없는 마음을 얻어 항상 은혜롭게 보시를 행하기를 서원하며

일체중생이 집착하지 않는 마음을 얻어 집에 거처하는 법을 떠나기를 서원하며

일체중생이 수많은 고통을 떠남을 얻어 일체 재앙

과 횡액의 두려움을 제멸하기를 서원하며

　일체중생이 시방의 일체 세계를 장엄하고 청정케 하여 모든 부처님께 받들어 보시하기를 서원하는 것입니다.

　이것이 보살마하살이 왕도를 보시할 때에 선근으로 회향하는 것이 되나니

　중생으로 하여금 다 능히 모든 부처님의 세계를 장엄하고 청정케 하기 위한 까닭입니다.

　불자여, 보살마하살이 소유한 일체 내궁의 권속과 기녀와 시중드는 수많은 여자들이 다 얼굴이 단정하고 재능을 구족하였으며

　말하고 웃고 노래하고 춤추는 것이 다 교묘하며 가지가지 의복과 가지가지 꽃과 향으로 그 몸을 장엄하여 보는 사람이 환희하여 마음에 싫어하거나

만족함이 없으며

　이와 같은 보배 여자 백천만억 나유타 숫자는 다 보살의 선업을 인유하여 생기한 바이며

　뜻을 따라 자재로 공경하고 순종하여 허물이 없는 여자들이거든, 그들을 다 모두 와서 구걸하는 사람에게 보시하지만 그러나 그 가운데 사랑하거나 좋아하는 마음이 없으며

　　돌아보고 그리워하는 마음도 없으며

　　탐착하는 마음도 없으며

　　매어 속박하는 마음도 없으며

　　집착하여 취하는 마음도 없으며

　　탐착하여 물드는 마음도 없으며

　　분별하는 마음도 없으며

　　따르고 좇는 마음도 없으며

　　모습을 취하는 마음도 없으며

　　좋아하는 욕망의 마음도 없습니다.

보살이 그때에 모든 선근을 관찰하여 일체중생으로 하여금 다 벗어남을 얻게 하고자 하기 위한 까닭으로 회향하며

부처님의 법희를 얻게 하기 위한 까닭으로 회향하며

견고하지 않는 가운데 견고함을 얻게 하기 위한 까닭으로 회향하며

금강과 같은 지혜의 가히 무너뜨릴 수 없는 마음을 얻게 하기 위한 까닭으로 회향하며

부처님의 도량에 들어가게 하기 위한 까닭으로 회향하며

피안에 이르게 하기 위한 까닭으로 회향하며

더 이상 없는 보리의 마음을 얻게 하기 위한 까닭으로 회향하며

능히 지혜로써 모든 법을 요달하게 하기 위한 까닭으로 회향하며

일체 선근을 출생하게 하기 위한 까닭으로 회향하며

삼세의 모든 부처님의 집에 들어가게 하기 위한 까닭으로 회향합니다.

불자여, 보살마하살이 이와 같은 법에 머물러 여래의 집에 태어나며

모든 부처님의 청정하고 수승한 원인을 증장하며

가장 수승한 일체 지혜의 도를 출생하며

보살의 광대한 지혜의 업에 깊이 들어가며

일체 세간의 번뇌를 제멸하며

항상 능히 공덕의 복전에 공양하고 보시하며

모든 중생을 위하여 미묘한 법을 선설하며

선교로 안립하며

그 중생으로 하여금 모든 청정한 행을 닦아 익히게 하며

항상 부지런히 일체 선근을 섭수하여 취하게 합
니다.

보살이 그때에 모든 선근으로써 이와 같이 회향하
나니

말하자면 일체중생이 항상 한량없는 삼매의 권속
을 얻어 보살의 수승한 삼매가 상속하여 끊어지지
않기를 서원하며

일체중생이 항상 부처님을 친견하기를 좋아하여
다 모든 부처님의 장엄된 삼매에 들어가기를 서원
하며

일체중생이 보살의 사의할 수 없는 삼매를 성취하
여 한량없는 신통에 자재로 노닐기를 서원하며

일체중생이 여실한 삼매에 들어가 무너지지 않는
마음을 얻기를 서원하며

일체중생이 보살의 깊고도 깊은 삼매를 다 얻어

모든 선정에 자재함을 얻기를 서원하며

일체중생이 해탈의 마음을 얻어 일체 삼매의 권속을 성취하기를 서원하며

일체중생이 가지가지 삼매에 다 선교를 얻어 다 능히 모든 삼매의 모습을 섭수하여 취하기를 서원하며

일체중생이 수승한 지혜의 삼매를 얻어 널리 능히 모든 삼매문을 배워 익히기를 서원하며

일체중생이 걸림이 없는 삼매를 얻어 깊은 선정에 들어가 끝내 물러나 잃지 않기를 서원하며

일체중생이 집착이 없는 삼매를 얻어 마음에 항상 바로 받아들여 두 가지 법을 취하지 않기를 서원하는 것입니다.

이것이 보살마하살이 일체 내궁의 권속을 보시할 때에 선근으로 회향하는 것이 되나니

일체중생으로 하여금 다 무너지지 않는 청정한 권속을 얻게 하고자 하기 위한 까닭이며

일체중생으로 하여금 다 보살의 권속을 얻게 하고자 하기 위한 까닭이며

일체중생으로 하여금 불법을 만족함을 얻게 하고자 하기 위한 까닭이며

일체중생으로 하여금 일체 지혜의 힘을 만족케 하고자 하기 위한 까닭이며

일체중생으로 하여금 더 이상 없는 지혜를 증득케 하고자 하기 위한 까닭이며

일체중생으로 하여금 수순하는 권속을 얻게 하고자 하기 위한 까닭이며

일체중생으로 하여금 뜻이 같은 수행인과 함께 거처함을 얻게 하고자 하기 위한 까닭이며

일체중생으로 하여금 일체 복덕과 지혜를 구족케 하고자 하기 위한 까닭이며

일체중생으로 하여금 청정한 선근을 성취케 하고
자 하기 위한 까닭이며

일체중생으로 하여금 잘 화순和順하는 권속을 얻
게 하고자 하기 위한 까닭이며

일체중생으로 하여금 청정한 법신을 성취케 하고
자 하기 위한 까닭이며

일체중생으로 하여금 차례로 이치와 같은 변재를
성취하여 모든 부처님의 끝없는 법장을 잘 설하게
하고자 하기 위한 까닭이며

일체중생으로 하여금 일체 세속의 선근을 영원히
버리고 출세간의 청정한 선근을 함께 수행케 하고자
하기 위한 까닭이며

일체중생으로 하여금 청정한 업이 원만하여 일체
청정한 법을 성취케 하고자 하기 위한 까닭이며

일체중생으로 하여금 일체 불법이 다 앞에 나타나
법의 광명으로써 널리 장엄하고 청정케 하고자 하기

위한 까닭입니다.

　불자여, 보살마하살이 능히 사랑하는 바 아내와
자식으로써 보시하되 마치 지나간 옛날에 수달나태
자와 현장엄왕보살과 그리고 나머지 한량없는 모든
보살 등과 같이 하나니

　보살이 그때에 살바야 마음을 타서 일체 보시를
행하여 보살의 보시의 도를 청정하게 닦되 그 마음이
청정하여 중간에 후회함이 없으며

　소유한 보배를 다 희사하여 일체 지혜를 구하며

　모든 중생으로 하여금 깊은 마음에 즐거움을 청정
하게 하며

　보리의 행을 이루고 보살의 도를 관찰하게 하며

　부처님의 보리를 생각하고 부처님의 종성에 머무
르게 합니다.

보살마하살이 이와 같이 보시할 마음을 이루어
갖춘 이후에는 결정코 마음에 여래의 몸을 구하되
스스로 자기 몸이 일체에 속박되어 자재롭지 못함을
관찰하며

또 그 몸으로써 널리 중생을 섭수하되 마치 보배
섬을 일체중생에게 보시하여 만족하지 못한 사람은
그로 하여금 만족하게 하는 것과 같아서 보살도
이와 같이 중생을 보호하고 염려하되 자신으로 하여
금 제일가는 탑을 짓게 하여 널리 일체중생으로
하여금 다 환희를 내게 하고자 하며

세간에 평등한 마음을 내고자 하며

중생을 위하여 청량한 못을 짓고자 하며

중생에게 일체 안락을 주고자 하며

중생을 위하여 큰 시주를 짓고자 하며

지혜가 자재하여 보살이 행한 바 행을 요달하여
알고자 하며

능히 이와 같은 큰 서원을 장엄莊嚴하여 일체 지혜에 나아가고자 하며

원컨대 더 이상 없는 지혜와 복전을 이루고자 하며

널리 중생을 생각하여 항상 따라 수호하고자 하며

능히 자신의 이익을 이루어 갖추고자 하며

지혜의 광명으로 널리 세간을 비추고자 하며

항상 부지런히 보살의 보시하는 마음을 기억하여 생각하고자 하며

항상 즐겁게 여래의 경계를 관찰하고자 합니다.

불자여, 보살마하살이 속박도 없고 집착도 없는 해탈의 마음으로써 아내와 자식을 보시하여 모은 바 선근으로 이와 같이 회향하나니

말하자면 일체중생이 부처님의 보리에 머물러 변화신을 일으켜 법계에 두루하여 물러나지 않는

법륜을 전하기를 서원하며

일체중생이 집착이 없는 몸을 얻어 원력이 일체 부처님의 국토에 두루 행하여지기를 서원하며

일체중생이 사랑하고 미워하는 마음을 버리고 탐내고 성내는 번뇌를 끊기를 서원하며

일체중생이 모든 불자를 위하여 부처님이 행하시든 바를 따르기를 서원하며

일체중생이 모든 부처님의 처소에 자기와 같다는 마음을 내어 가히 무너뜨릴 수 없기를 서원하며

일체중생이 항상 불자를 위하여 법으로 좇아 화생하기를 서원하며

일체중생이 구경의 처소를 얻어 여래의 자재한 지혜를 성취하기를 서원하며

일체중생이 부처님의 보리를 증득하여 영원히 번뇌를 떠나기를 서원하며

일체중생이 능히 부처님의 보리도를 갖추어 연설

하여 항상 즐겁게 더 이상 없는 법시를 수행하기를
서원하며

일체중생이 바른 삼매의 마음을 얻어 일체 모든
반연으로 무너뜨릴 바가 되지 않기를 서원하며

일체중생이 보리수에 앉아 가장 수승한 정각을
성취하여 한량없이 법으로 좇아 화생하는 모든 선남
선녀를 열어 보이기를 서원하는 것입니다.

이것이 보살마하살이 아내와 자식을 보시할 때에
선근으로 회향하는 것이 되나니

중생으로 하여금 다 걸림이 없는 해탈과 집착이
없는 지혜를 증득케 하기 위한 까닭입니다.

불자여, 보살마하살이 장엄한 집과 그리고 모든
생활을 돕는 기구를 구걸하는 사람이 있음을 따라
일체를 보시하여 주고 보시하는 법을 행하되 저

집에 집착이 없어서 일체 집에 기거한다는 생각도 관념도 멀리 떠나며

가업을 싫어하여 생활을 돕는 기구를 탐하지도 않고 맛보지도 아니하여 마음에 매이거나 집착이 없으며

집은 쉽게 무너지는 줄 알아 마음에 항상 싫어하고 버려 모두 그 가운데 사랑하고 좋아하는 바가 없으며

다만 출가하여 보살행을 닦아 모든 불법으로써 스스로 장엄하고자 하며

일체를 다 희사하여도 마음이 중간에 후회가 없어 항상 모든 부처님의 찬탄하는 바가 되며

집과 재물의 곳을 따라 있는 바를 다 은혜롭게 보시하여도 마음에 그리워함도 집착함도 없고 구걸하는 사람이 있음을 보면 마음에 기쁨과 경사함을 냅니다.

보살이 그때에 이 선근으로써 이와 같이 회향하나니

말하자면 일체중생이 아내와 자식을 버리고 떠나 출가하여 제일가는 즐거움을 성취하기를 서원하며

일체중생이 집의 속박에서 해탈하여 집이 아닌 곳에 들어가 모든 불법 가운데 범행을 수행하기를 서원하며

일체중생이 간탐의 더러움을 버리고 떠나 일체 보시하기를 좋아하여 마음에 물러남이 없기를 서원하며

일체중생이 속가의 법을 영원히 떠나 욕심이 적고 만족할 줄 알아 감추고 쌓아 모으는 바가 없기를 서원하며

일체중생이 세속의 집을 벗어나 여래의 집에 머물기를 서원하며

일체중생이 장애가 없는 법을 얻어 일체 장애하는

도를 제멸하기를 서원하며

일체중생이 속가 권속의 애착을 떠나 비록 현재 속가에 거처하지만 마음에 집착하는 바가 없기를 서원하며

일체중생이 잘 능히 달래어 교화하여 집안에 법을 떠나지 않고 부처님의 지혜를 설하기를 서원하며

일체중생이 몸은 현재 속가에 있지만 마음은 항상 부처님의 지혜를 따라 머물기를 서원하며

일체중생이 속가의 땅에 거처하고 있지만 부처님의 땅에 머물러 널리 한량없고 끝없는 중생으로 하여금 환희심을 일으키기를 서원하는 것입니다.

이것이 보살마하살이 집을 보시할 때에 선근으로 회향하는 것이 되나니

중생으로 하여금 보살의 가지가지 행원과 신통과 지혜를 성취하게 하기 위한 까닭입니다.

불자여, 보살마하살이 가지가지 동산과 숲과 영대와 정자의 유희하고 쾌락하는 장엄된 처소를 보시할 때에 이와 같은 생각을 지어 말하기를 내가 마땅히 일체중생을 위하여 좋은 동산과 숲을 지으며

내가 마땅히 일체중생을 위하여 법의 즐거움을 시현하며

내가 마땅히 일체중생에게 환희의 뜻을 보시하며

내가 마땅히 일체중생에게 끝없는 기쁨과 즐거움을 시현하며

내가 마땅히 일체중생을 위하여 청정한 법문을 열어 연설하며

내가 마땅히 일체중생으로 하여금 환희심을 일으키게 하며

내가 마땅히 일체중생으로 하여금 부처님의 보리를 얻게 하며

내가 마땅히 일체중생으로 하여금 큰 서원을 이루

어 만족하게 하며

내가 마땅히 일체중생에게 자비한 아버지와 같이 하며

내가 마땅히 일체중생으로 하여금 지혜로 관찰하게 하며

내가 마땅히 일체중생에게 생활을 돕는 기구를 보시하며

내가 마땅히 일체중생에게 자비한 어머니와 같이 하여 일체 선근과 큰 서원을 생장케 할 것이다 하였습니다.

불자여, 보살마하살이 이와 같이 모든 선근을 수행할 때에 악한 중생에게 피곤해 하거나 싫어하는 생각을 내지 아니하며

또한 버리려는 마음을 잘못 일으키지도 아니하며

설사 세간에 가득한 일체중생이 다 은혜를 알지

못한다 할지라도 보살은 저 중생에게 처음부터 미워하거나 한탄하는 생각이 없으며

한 생각도 반대로 은혜를 갚기를 구하는 마음을 내지 아니하며

다만 그들의 한량없는 고뇌를 제멸하고자 할 뿐이며

모든 세간에 마음이 허공과 같아서 물들거나 집착하는 바가 없으며

모든 법의 진실한 모습을 널리 관찰하며

큰 서원을 일으켜 중생의 고통을 제멸하며

영원히 대승의 뜻과 서원을 싫어하거나 버리지 아니하며

일체 소견을 제멸하고 모든 보살의 평등한 행원을 닦습니다.

불자여, 보살마하살이 이와 같이 관찰한 이후에는

모든 선근을 섭수하여 다 회향하나니

말하자면 일체중생이 생각생각에 한량없는 선법을 자생하여 더 이상 없는 동산과 숲의 마음을 성취하기를 서원하며

일체중생이 움직이지 않는 법을 얻어 일체 부처님을 친견하고 다 하여금 환희케 하기를 서원하며

일체중생이 법의 동산을 좋아하여 모든 부처님 세계의 동산에서 묘한 즐거움을 얻기를 서원하며

일체중생이 청정하고 묘한 마음을 얻어 항상 여래의 신족神足 동산과 숲을 보기를 서원하며

일체중생이 부처님의 유희의 즐거움을 얻어 항상 지혜의 경계에 잘도 유희하기를 서원하며

일체중생이 유희의 즐거움을 얻어 부처님 세계의 도량에 모인 대중에게 널리 나아가기를 서원하며

일체중생이 보살의 해탈하는 유희를 성취하여 미래세월이 다하도록 보살의 행을 행하되 마음에

피곤하거나 게으른 생각이 없기를 서원하며

일체중생이 일체 부처님이 법계에 충만한 줄 보고 광대한 마음을 일으켜 부처님의 동산과 숲에 머물기를 서원하며

일체중생이 다 능히 일체 부처님의 세계에 두루 가서 낱낱 세계 가운데 모든 부처님께 공양하기를 서원하며

일체중생이 좋은 욕심을 얻어 모든 부처님의 세계를 청정하게 장엄하기를 서원하는 것입니다.

이것이 보살마하살이 일체 동산과 숲과 영대와 정자를 보시할 때에 선근으로 회향하는 것이 되나니 중생으로 하여금 일체 부처님의 유희와 일체 부처님의 동산과 숲을 보게 하기 위한 까닭입니다.

불자여, 보살마하살이 백천억 나유타의 한량도

없고 수도 없는 광대한 보시회를 만드나니

　일체가 청정하여 모든 부처님이 인가한 것입니다.

　끝내 한 중생도 손해나거나 뇌롭게 하지 아니하며 널리 중생으로 하여금 수많은 악업을 멀리 떠나 삼업의 도를 청정히 하여 지혜를 성취케 하려는 것입니다.

　한량없는 백천억 나유타 아승지의 청정한 경계를 열어 두며

　한량없는 백천억 나유타 아승지의 삶을 돕는 묘한 물건을 쌓아 모으며

　매우 얻기 어려운 보리의 마음을 일으켜 한없는 보시를 행하여 모든 중생으로 하여금 청정한 도에 머물러 처음도 중간도 뒤도 착하여 청정한 믿음과 지해(解)를 내게 하며

　백천억 한량없는 중생의 마음에 좋아하는 바를 따라서 다 하여금 환희케 하며

큰 자비로써 일체중생을 구호하여 삼세의 모든 부처님을 받들어 섬기고 공양하며

일체 부처님의 종성을 성취하고자 하기 위하여 보시를 수행하지만 마음이 중간에 후회가 없으며

믿음의 뿌리를 증장하고 수승한 행을 이루어 만족하여 생각생각에 보시바라밀을 증진케 하려는 것입니다.

보살이 그때에 모든 선근으로써 이와 같이 회향하나니

말하자면 일체중생이 대승의 마음을 일으켜 다 대승을 성취하는 보시를 얻기를 서원하며

일체중생이 다 능히 큰 모임의 보시와 모든 보시와 좋은 보시와 가장 수승한 보시와 더 이상 없는 보시와 최고로 더 이상 없는 보시와 평등할 수 없이 평등한 보시와 모든 세간을 초월한 보시와 일체 모든 부처님

이 칭찬하시는 바 보시를 행하기를 서원하며

일체중생이 제일가는 시주자가 되어 모든 악취에서 힘써 중생을 건져 다 하여금 걸림 없는 지혜의 도에 들어감을 얻게 하고 평등한 서원과 여실한 선근을 닦아 차별 없이 자기 경계를 증득하는 지혜를 얻기를 서원하며

일체중생이 고요한 모든 선정과 지혜에 편안히 머물러 죽지 않는 도에 들어가고 일체 신통과 지혜를 구경까지 얻고 용맹스레 정진하여 모든 지위를 구족하고 불법을 장엄하여 피안에 이르러 영원히 물러나지 않기를 서원하며

일체중생이 큰 보시회를 설치하되 끝내 피곤하거나 싫어함이 없고 중생에게 공급하여 건지되 쉬지 않고 더 이상 없는 일체종지를 구경까지 얻기를 서원하며

일체중생이 항상 부지런히 일체 선근을 심어 한량

없는 공덕의 피안에 이르기를 서원하며

　일체중생이 항상 모든 부처님의 칭찬하는 바를 입어 널리 세간을 위하여 큰 시주자를 짓되 공덕을 구족하여 법계에 충만하고 시방을 두루 비추어 더 이상 없는 즐거움을 보시하기를 서원하며

　일체중생이 큰 보시회를 설치하여 널리 선근을 모으고 평등하게 중생을 섭수하여 피안에 이르기를 서원하며

　일체중생이 가장 수승한 보시를 이루어 널리 중생으로 하여금 제일승에 머물게 하기를 서원하며

　일체중생이 그 때에 상응하는 보시를 하고 때가 아닌 보시는 영원히 떠나 큰 보시가 구경까지 이루어지기를 서원하며

　일체중생이 좋은 보시를 성취하여 부처님의 대장부가 크게 보시하는 피안에 이르기를 서원하며

　일체중생이 구경에 항상 큰 장엄의 보시를 행하여

다 일체 모든 부처님으로써 스승을 삼고 다 친근하여 큰 공양을 일으키기를 서원하며

일체중생이 청정한 보시에 머물러 법계와 같이 한량없는 복덕을 모아 피안에 이르기를 서원하며

일체중생이 모든 세간에 큰 시주자가 되어 맹세코 중생(群品)을 제도하여 여래의 지위에 머물게 하기를 서원하는 것입니다.

이것이 보살마하살이 큰 보시회를 설치할 때에 선근으로 회향하는 것이 되나니

중생으로 하여금 더 이상 없는 보시와 구경에 부처를 이루는 보시와 선을 성취하는 보시와 가히 무너뜨릴 수 없는 보시와 모든 부처님께 공양하는 보시와 성냄도 한탄도 없는 보시와 중생을 구제하는 보시와 일체 지혜를 이루는 보시와 항상 모든 부처님을 친견하는 보시와 잘 정진하는 보시와 일체 보살의

공덕과 모든 부처님의 지혜를 성취하는 광대한 보시를 행하게 하기 위한 까닭입니다.

불자여, 보살마하살이 일체 삶을 돕는 물건을 보시하되 마음에 간탐이 없어 과보를 구하지 아니하며
세상의 부귀와 즐거움을 희망하는 바가 없으며
망상의 마음을 떠나 법을 잘 사유하며
일체중생을 이익케 하고자 하기 위하여 일체 모든 법의 진실한 자성을 살펴 관찰하며
모든 중생이 가지가지로 같지 아니하여 쓰는 바와 구하는 바가 각각 차별함을 따라 한량없는 삶을 돕는 기구를 이루어 갖추되 소유한 기구를 장엄하고 꾸미기를 다 묘하게 하여 끝없는 보시를 행하며
일체 보시와 안과 밖을 다하는 보시를 행하나니
이 보시를 행할 때에 마음에 즐거워하는 힘을 증장하여 큰 공덕을 얻고 마음의 보배를 성취하며

항상 능히 일체중생을 수호하여 다 하여금 수승한 뜻과 서원을 발생케 하되 처음부터 일찍이 반대로 과보를 구하는 마음이 없으며

소유한 선근을 삼세의 부처님과 같이 하여 다 일체종지를 원만케 합니다.

불자여, 보살마하살이 이렇게 보시하여 소유한 선근으로써 중생에게 회향하나니

일체중생이 청정하게 조복하기를 서원하며

일체중생이 번뇌를 제멸하여 일체 모든 부처님의 국토를 장엄하고 청정케 하기를 서원하며

일체중생이 청정한 마음으로써 한 생각 가운데 법계에 두루하기를 서원하며

일체중생이 지혜가 허공계와 법계에 충만하기를 서원하며

일체중생이 일체 지혜를 얻어 삼세에 널리 들어가

중생을 조복하고 일체 시에 항상 청정하고 물러나지 않는 법륜을 전하기를 서원하며

일체중생이 일체 지혜를 구족하여 잘 능히 신통과 방편을 시현하여 중생을 요익케 하기를 서원하며

일체중생이 다 능히 모든 부처님의 보리에 깨달아 들어가 미래세월이 다하도록 시방세계에 항상 정법을 설하되 일찍이 쉼 없이 모든 중생으로 하여금 듣고 앎을 얻게 하기를 서원하며

일체중생이 한량없는 세월에 보살행을 닦아 다 원만함을 얻기를 서원하며

일체중생이 일체 세계의 혹 더럽고 혹 깨끗하고 혹 작고 혹 크고 혹 거칠고 혹 섬세하고 혹 엎어져 있고 혹 우러러 있고 혹 한 가지로 장엄하고 혹 가지가지로 장엄하여 가히 연설할 바 세계의 수數에 있는 모든 세계 가운데 보살행을 닦아 두루하지 아니함이 없기를 서원하며

일체중생이 생각생각 가운데 항상 삼세에 일체 부처님의 일을 지어 중생을 교화하여 일체 지혜에 향하기를 서원하는 것입니다.

불자여, 보살마하살이 모든 중생이 일체 수구하는 바를 따라 이와 같은 등 아승지 물건으로써 공급하여 보시하는 것은 불법으로 하여금 상속하여 끊어지지 않게 하여 대비로 널리 일체중생을 구제하며

대자에 편안히 머물러 보살의 행을 닦고 부처님의 가르침에 끝내 어기거나 범함이 없고 선교방편으로 써 수많은 선법을 수행하며

일체 모든 부처님의 종성을 끊지 않고 구함을 따라 다 주되 근심하거나 싫어함이 없으며

일체를 다 희사하되 일찍이 중간에 후회하지 않고 항상 부지런히 일체 지혜의 도에 회향하기 위한 것입니다.

그때에 시방의 국토에 가지가지 유형과 가지가지 육취 중생과 가지가지 복전이 다 모여 와서 보살의 처소에 이르러 가지가지로 구하고 찾을지라도 보살이 본 이후에 널리 다 섭수하여 마음에 환희를 내어 선지식을 친견하는 것과 같이 하며

대비大悲로 어여삐 여겨 그들의 서원誓願을 만족케 할 것을 생각하며

희사하는 마음을 증장하기를 쉼 없이 하지만 또한 피곤해 하거나 싫어하지 아니하며

그들이 구하는 바를 따라서 다 하여금 만족케 하여 빈궁한 괴로움을 떠나게 합니다.

그때에 모든 구걸하는 사람이 마음에 크게 기뻐하고 경사하여 전전히 다시 칭찬하고 전하여 그 공덕을 찬양하니 좋은 소리가 멀리까지 퍼져 모두 다 오고가거늘, 보살이 그것을 본 이후에 환희가 한량이 없

나니

가사 백천억 나유타 세월에 제석천왕의 즐거움을
받으며

수없는 세월에 야마천왕의 즐거움을 받으며

한량없는 세월에 도솔타천왕의 즐거움을 받으며

끝없는 세월에 선변화천왕의 즐거움을 받으며

비등할 수 없는 세월에 타화자재천왕의 즐거움을
받으며

가히 헤아릴 수 없는 세월에 범천왕의 즐거움을
받으며

가히 이름할 수 없는 세월에 전륜왕이 삼천세계에
왕 하는 즐거움을 받으며

가히 생각할 수 없는 세월에 변정천왕의 즐거움을
받으며

가히 말할 수 없는 세월에 정거천왕의 즐거움을
받을지라도 다 능히 미칠 수 없습니다.

보살마하살이 구걸하는 사람이 오는 것을 보고
환희하고 사랑하고 좋아하고 경사하고 뛰며
　믿는 마음이 증장하고 뜻에 좋아함이 청정하며
　육근이 조순하고 믿고 아는 것이 성만하며
　내지 모든 부처님의 보리에 더욱 정진합니다.

　불자여, 보살마하살이 이 선근으로써 일체중생을
이익케 하고자 하기 위한 까닭으로 회향하며
　일체중생을 안락케 하고자 하기 위한 까닭으로
회향하며
　일체중생으로 하여금 큰 뜻과 이익을 얻게 하기
위한 까닭으로 회향하며
　일체중생으로 하여금 다 청정함을 얻게 하기 위한
까닭으로 회향하며
　일체중생으로 하여금 다 보리를 구하게 하기 위한
까닭으로 회향하며

일체중생으로 하여금 다 평등함을 얻게 하기 위한 까닭으로 회향하며

일체중생으로 하여금 다 어질고 선한 마음을 얻게 하기 위한 까닭으로 회향하며

일체중생으로 하여금 다 마하연에 들어가게 하기 위한 까닭으로 회향하며

일체중생으로 하여금 다 어질고 선한 지혜를 얻게 하기 위한 까닭으로 회향하며

일체중생으로 하여금 다 보현보살의 행원을 갖추어 십력의 수레를 만족하여 현재 정각을 이루게 하기 위한 까닭으로 회향합니다.

불자여, 보살마하살이 모든 선근으로써 이와 같이 회향할 때에 신·구·의 삼업이 다 해탈하여 집착도 없으며

매임도 없으며

중생이라는 생각도 없으며

수명이라는 생각도 없으며

보특가라라는 생각도 없으며

사람이라는 생각도 없으며

동자라는 생각도 없으며

태어난다는 생각도 없으며

만든다는 생각도 없으며

받는다는 생각도 없으며

있다는 생각도 없고 없다는 생각도 없으며

지금 세상이라는 생각도 뒤에 세상이라는 생각도 없으며

여기에서 죽는다는 생각도 저기에서 태어난다는 생각도 없으며

영원하다는 생각도 없고 영원하지 않다는 생각도 없으며

삼유가 있다는 생각도 없고 삼유가 없다는 생각도

없으며

생각이 있다는 것도 없고 생각이 없다는 것도
없나니 이와 같이 속박이 없는 것으로 회향하고
속박에서 해탈할 것도 없는 것으로 회향하며

업이 없는 것으로 회향하고 업의 과보도 없는
것으로 회향하며

분별이 없는 것으로 회향하고 무분별도 없는 것으
로 회향하며

생각이 없는 것으로 회향하고

생각의 마침도 없는 것으로 회향하며

마음이 없는 것으로 회향하고

마음이 없는 것도 없는 것으로 회향합니다.

불자여, 보살마하살이 이와 같이 회향할 때에 안
에도 집착하지 않고 밖에도 집착하지 아니하며

능연에도 집착하지 않고 소연에도 집착하지 아니

하며

　원인에도 집착하지 않고 결과에도 집착하지 아니하며

　법에도 집착하지 않고 비법에도 집착하지 아니하며

　생각함에도 집착하지 않고 생각하지 아니함에도 집착하지 아니하며

　색온에도 집착하지 아니하며

　색온이 생기함에도 집착하지 아니하며

　색온이 사라짐에도 집착하지 아니하며

　수·상·행·식에도 집착하지 아니하며

　수·상·행·식이 생기함에도 집착하지 아니하며

　수·상·행·식이 사라짐에도 집착하지 않습니다.

　불자여, 보살마하살이 만약 능히 이 모든 법에 집착하지 않는다면 곧 색에도 속박되지 아니하며

색이 생기함에도 속박되지 아니하며

색이 사라짐에도 속박되지 아니하며

수·상·행·식에도 속박되지 아니하며

수·상·행·식이 생기함에도 속박되지 아니하며

수·상·행·식이 사라짐에도 속박되지 아니하며

만약 능히 이 모든 법에 속박되지 않는다면 곧 또한 모든 법에 해탈할 것도 없습니다.

무슨 까닭인가.

적은 법도 혹 현재 생기하고 혹 이미 생기하였고 혹 당래에 생기할 것이 없기에 법 가히 취할 것이 없으며

법 가히 집착할 것이 없나니

일체 모든 법이 자기의 모습이 이와 같으며

자기의 성품이 없으며

자기의 성품과 자기의 모습을 다 떠난 까닭입니다.

그런 까닭으로 하나도 아니고 둘도 아니며

많은 것도 아니고 무량한 것도 아니며

작은 것도 아니고 큰 것도 아니며

좁은 것도 아니고 넓은 것도 아니며

깊은 것도 아니고 얕은 것도 아니며

고요한 것도 아니고 시끄러운 것도 아니며

처소도 아니고 처소가 아닌 거도 아니며

법도 아니고 법이 아닌 것도 아니며

자체도 아니고 자체가 아닌 것도 아니며

있는 것도 아니고 있지 않는 것도 아닙니다.

보살이 이와 같이 모든 법이 곧 법이 아님이 되는 줄 관찰하지만 저 언어 가운데 세상을 따라 법이 아닌 것이 법이 됨을 건립하며

모든 업의 도를 끊지 않고 보살의 행을 버리지 아니하며

일체 지혜를 구하되 끝내 물러남이 없으며

일체 업력과 인연이 꿈과 같고 음성이 메아리와 같고 중생이 그림자와 같고 모든 법이 환상과 같은 줄 알지만 그러나 또한 인연과 업력을 무너뜨리지 않고 모든 업의 그 작용이 광대한 줄 알며

일체 법이 다 조작하는 바가 없는 줄 알지만 그러나 조작이 없는 도를 행하기를 일찍이 잠시도 폐지하지 아니하였습니다.

불자여, 이 보살마하살이 일체 지혜에 머물러 혹 처소와 처소가 아닌 것을 널리 다 일체 지혜의 성품에 회향하며

일체 처소에 다 회향하되 물러남이 없이 합니다.

무슨 뜻인 까닭으로 말하기를 회향이라 이름하는가.

세간을 영원히 지나 피안에 이르게 하기에 그런

까닭으로 회향이라 이름하며 오온을 영원히 벗어나 피안에 이르게 하기에 그런 까닭으로 회향이라 이름하며

언어의 길을 영원히 지나 피안에 이르게 하기에 그런 까닭으로 회향이라 이름하며

가지가지 생각을 영원히 떠나 피안에 이르게 하기에 그런 까닭으로 회향이라 이름하며

신견을 영원히 끊어 피안에 이르게 하기에 그런 까닭으로 회향이라 이름하며

의지할 곳을 영원히 떠나 피안에 이르게 하기에 그런 까닭으로 회향이라 이름하며

조작하는 바를 영원히 끊어 피안에 이르게 하기에 그런 까닭으로 회향이라 이름하며

삼유를 영원히 벗어나 피안에 이르게 하기에 그런 까닭으로 회향이라 이름하며

모든 취착을 영원히 버려 피안에 이르게 하기에

그런 까닭으로 회향이라 이름하며

　세간의 법을 영원히 벗어나 피안에 이르게 하기에
그런 까닭으로 회향이라 이름하는 것입니다.

　불자여, 보살마하살이 이와 같이 회향할 때에 곧
부처님을 수순하여 머물며

　법을 수순하여 머물며

　지혜를 수순하여 머물며

　보리를 수순하여 머물며

　뜻을 수순하여 머물며

　회향을 수순하여 머물며

　경계를 수순하여 머물며

　행을 수순하여 머물며

　진실을 수순하여 머물며

　청정을 수순하여 머물게 될 것입니다.

불자여, 보살마하살이 이와 같이 회향한다면 곧
일체 모든 법을 요달할 것이며

일체 모든 부처님을 받들어 섬길 것이며

한 부처님도 받들어 섬기지 아니함이 없을 것이며

한 법도 공양하지 아니함이 없을 것이며

한 법도 가히 괴멸함이 없을 것이며

한 법도 가히 어김이 없을 것이며

한 물건도 가히 탐착함이 없을 것이며

한 법도 가히 싫어하여 떠남이 없을 것이며

안팎의 일체 모든 법이 조금도 괴멸하거나 인연의
도에 어김이 있음을 볼 수 없을 것이며

법력을 구족하여 휴식함이 없을 것입니다.

불자여, 이것이 보살마하살의 제 여섯 번째 견고
한 일체 선근을 수순하는 회향이 되는 것입니다.

보살마하살이 이 회향에 머물 때에 항상 모든 부처님의 보호하고 염려하는 바가 되어 견고하고 물러나지 아니하며

　　깊은 법성에 들어가며

　　일체 지혜를 닦으며

　　법의 뜻을 수순하며

　　법의 자성을 수순하며

　　일체 견고한 선근을 수순하며

　　일체 원만한 큰 서원을 수순하며

　　견고한 법을 구족하여 수순하며

　　일체 금강이 능히 깨뜨릴 수 없는 바이며

　　모든 법 가운데 자재함을 얻었습니다.

　　그때에 금강당보살이 시방을 관찰하며

　　모인 대중을 관찰하며

　　법계를 관찰한 이후에 글귀의 깊고도 깊은 뜻에

들어가며

　　한량없는 광대한 마음을 닦아 익히며

　　대비의 마음으로써 널리 세간을 덮으며

　　과거와 미래와 지금에 불종성의 마음을 증장하며

　　일체 모든 부처님의 공덕에 들어가며

　　모든 부처님의 자재한 힘의 몸을 성취하며

　　모든 중생의 마음에 좋아하는 바를 관찰하며

　　그들의 선근이 가히 성숙할 바를 따르며

　　법성의 몸을 의지하여 색신을 나타내고

　　부처님의 위신력을 받아 게송을 설하여 말하기를

보살이 몸을 나타내어 국왕을 지어

세상의 지위 가운데는 최고로 비등할 사람이 없으며

복덕과 위엄과 광명이 모든 사람보다 수승하여

널리 중생을 위하여 이익을 일으킵니다.

그 마음이 청정하여 물들거나 집착이 없어
세간에 자재함에 다 존경하며
정법을 널리 선설하여 사람에게 가르쳐
널리 그 중생으로 하여금 안은함을 얻게 합니다.

귀족으로 이 세상에 태어나 왕위에 올라
항상 바른 가르침을 의지하여 법륜을 전하며
타고난 성품이 인자하여 독함도 사나움도 없어
시방의 모든 사람이 공경하고 우러러 다 교화를 따릅
니다.

지혜로 분별하는 것이 항상 분명하고
색상과 재능을 다 구족하며
임금이 되어 온 천하를 다스림에 따르지 아니함이
없고
마군을 꺾어 굴복시켜 하여금 다하게 합니다.

청정한 계율을 굳게 지켜 어기거나 범하지 않고
결정한 뜻으로 견디고 참아 동요하지 아니하며
분노하고 성내는 마음을 덜어내어 제거하고
항상 즐겁게 모든 불법을 수행하기를 서원합니다.

음식과 향과 꽃목걸이와 그리고 의복과
수레와 말과 평상과 까는 요와 자리와 더불어 등불을
보살이 다 사람에게 보시하여 구제하며
아울러 나머지 보시하여 구제한 바도 한량없는 종류
입니다.

중생을 이익케 하기 위한 까닭으로 보시를 행하고
그 중생으로 하여금 광대한 마음을 개발하여
존승한 처소와 그리고 나머지 처소에
뜻이 다 청정하여 환희를 내게 하는 바입니다.

보살이 일체를 다 두루 보시하고
안과 밖에 있는 바를 다 능히 희사하되
반드시 그들의 마음으로 하여금 영원히 청정함을
얻게 하고
하여금 잠깐도 그들이 좁고 용렬한 마음을 내지 않게
합니다.

혹은 머리를 보시하고 혹은 눈을 보시하며
혹은 손을 보시하고 혹은 발을 보시하며
피부와 살과 뼈와 골수와 그리고 나머지 물건의
일체를 다 희사하되 마음에 아낌이 없습니다.

보살의 몸이 큰 왕위에 거처하되
종족이 뛰어나고 존귀하여 사람 가운데 가장 높으며
입을 벌리고 혀를 꺼내어 중생에게 보시하되
그 마음이 환희하여 근심도 슬픔도 없습니다.

저 혀를 보시하는 모든 공덕으로써

일체 모든 중생에게 회향하되

널리 이 수승한 인연을 의지하여

모두 다 여래의 넓고 긴 혀를 얻기를 서원합니다.

혹은 아내와 자식과 그리고 왕위를 보시하고

혹은 그 몸을 보시하여 종이 되었지만

그 마음이 청정하고 항상 환희하여

이와 같이 일체에 근심도 후회도 없습니다.

그들이 좋아하고 구하는 바를 따라 다 보시하되

때를 따라 보시하여 구제하고 피곤함도 싫어함도

없으며

일체 소유한 것을 다 능히 보시하되

모두 와서 구하는 사람을 다 널리 만족케 합니다.

법문을 듣기 위한 까닭으로 그 몸을 보시하고
모든 고행을 닦아 보리를 구하며
다시 중생을 위하여 일체를 희사하고
더 이상 없는 지혜를 구하여 물러나지 않습니다.

부처님의 처소에 정법을 듣고자 하기 위하여
스스로 그 몸을 희사하여 충분히 공급하고 모시며
널리 모든 중생을 구호하고자 하기 위하여
한량없는 환희심을 발생합니다.

저들이 세존이신 대도사께서
능히 자비심으로 널리 요익케 하심을 보고
이때에 뛰고 환희심을 내어
여래의 깊은 진리의 맛을 듣고 수지합니다.

보살이 소유한 모든 선근을

다 모든 중생에게 회향하되

널리 다 구호하여 남음이 없게 하여

영원히 하여금 해탈하고 항상 안락케 합니다.

보살이 소유한 모든 권속이

색상이 단엄하고 변재와 지혜에 능하며

꽃다발과 의복과 그리고 바르는 향의

가지가지 장엄을 다 구족하였습니다.

이 모든 권속이 매우 희유하거늘

보살이 이 일체를 다 능히 보시하여

오로지 정각을 구하고 중생을 제도하지만

이와 같은 마음을 잠깐도 버리지 않습니다.

보살이 이와 같이 자세히 사유하고

가지가지 광대한 업을 갖추어 행하여

다 모든 중생에게 회향하지만

취하거나 집착하는 마음을 내지 않습니다.

보살이 저 큰 왕위와

그리고 국토와 모든 성과 읍과

궁전과 누각과 더불어 동산과 숲과

종과 모시고 호위하는 사람을 희사하되 다 아낌없이

합니다.

저가 한량없는 백천세월에

곳곳에 두루 다니며 보시하고

모든 중생을 교화하여 인도함을 인하여

다 하여금 더 이상 없는 피안에 뛰어오르게 합니다.

한량없는 품류의 각각 차별한 중생들이

시방 세계에서 모여 와 이르거든

보살이 그들을 본 이후에 마음이 환희하고 경사하여
그들의 궁핍한 바를 따라 하여금 만족케 합니다.

삼세의 부처님이 회향하신 것과 같아서
보살도 또한 이와 같은 업을 닦으며
조어사이며 천인사이신 세존의 행하신 바를
다 따라 배워 피안에 이르는 것입니다.

보살이 일체법을 관찰하되
누가 능히 이 법에 들어가는 사람이 되며
어떻게 들어가며 어느 곳에 들어감이 되는가 하여
이와 같이 보시하여 마음이 머무는 바가 없습니다.

보살이 선교지혜에 회향하며
보살이 방편법에 회향하며
보살이 진실한 뜻에 회향하지만

그 법 가운데 집착하는 바가 없습니다.

마음이 일체 업을 분별하지 않고
또한 업의 과보에도 물들거나 집착하지 않지만
보리의 자성이 인연으로 좇아 생기하는 줄 알아
깊은 법계에 들어가 어기거나 거역함이 없습니다.

몸 가운데는 업이 있지도 않고
또한 마음을 의지하여 머물지도 않지만
지혜로 업의 자성이 없는 줄 알아
인연을 쓴 까닭으로 업을 잃지 않습니다.

마음이 과거의 법을 허망하게 취하지 아니하며
또한 미래의 일에도 탐착하지 아니하며
현재의 머무는 곳에도 있지 아니하여
삼세가 다 공적한 줄 요달합니다.

보살이 이미 색의 피안에 이르렀으며
수·상·행·식도 또한 이와 같아서
세간의 생사에 유전함을 초출하여
그 마음이 겸하謙下하고 항상 청정합니다.

오온과 십팔계와
십이처와 그리고 자기 몸마저 자세히 관찰하여
여기에서 낱낱이 보리를 구하지만
그 체성을 필경에 가히 얻을 수 없습니다.

모든 법이 상주하는 모습에도 취착하지 않고
단멸하는 모습에도 또한 취착하지 않나니
법의 자성은 있지도 않고 또한 없지도 않지만
업의 이치는 차례로 끝내 다함이 없습니다.

모든 법에 머무는 바도 있지 않고

중생과 그리고 보리도 볼 수 없나니
시방국토의 삼세 가운데
필경에 구하여도 가히 얻을 수 없습니다.

만약 능히 이와 같이 모든 법을 관찰한다면
곧 모든 부처님이 아시는 바와 같을 것이니
비록 그 자성을 구하여도 가히 얻을 수 없지만
보살이 행한 바는 또한 헛되지 않습니다.

보살은 법이 인연으로 좇아 있어서
일체 행할 바 도를 어기지 않는 줄 알기에
모든 업의 자취를 개시하고 해설하여
중생으로 하여금 다 청정케 하고자 합니다.

이것이 지혜로운 사람이 행할 바 도가 되며
일체 여래께서 설하신 바가 됩니다.

수순하고 사유하여 회향의 바른 뜻에 들어간다면
자연히 깨달아 보리를 성취할 것이니
모든 법은 생기함도 없고 또한 사라짐도 없으며
또한 다시 옴도 없고 감도 없습니다.

이곳에서 죽고 저곳에서 태어나지 않는 줄 안다면
이 사람은 모든 불법을 깨달아 안 사람이니
모든 법의 진실한 자성을 요달하여
저 법의 자성에 분별이 없을 것입니다.

모든 법이 자성도 없고 분별할 것도 없는 줄 안다면
이 사람은 모든 부처님의 지혜에 잘 들어간 사람이니
법의 자성이 일체 처소와
일체중생과 그리고 국토에 두루 있으며

삼세에도 다 있어 남음이 없지만

또한 그 형상을 가히 얻을 수 없습니다.

일체 모든 부처님이 깨달아 요달한 바를

다 남김없이 섭취하여

비록 삼세에 그 일체법을 설하지만

이와 같은 등의 법은 모두 있는 것이 아닙니다.

모든 법의 자성이 일체에 두루함과 같아서

보살의 회향도 또한 다시 그러하나니

이와 같이 모든 중생에게 회향하여

항상 세간에 물러나지 않습니다.

관허 수진寬虛 守眞

1971년 문성 스님을 은사로 출가, 1974년 수계, 해인사 강원과 금산사 화엄학림을 졸업하고, 운성, 운기 등 당대 강백 열 분에게 10년간 참문수학하였다.

1984년부터 수선안거 10년을 성만하고, 1993년부터 7년간 해인사 강원 강주로 학인들을 지도하였다.

대한불교조계종 교육위원, 역경위원, 교재편찬위원, 중앙종회의원, 범어사 율학승가대학원장 및 율주를 역임하였다.

현재 부산 승학산 해인정사에 주석하면서, 대한불교조계종 고시위원장, 단일계단 계단위원·교수아사리·갈마아사리, 동명대학교 석좌교수, 동명대학교 세계선센터 선원장, 국민권익위원회 자문위원 등의 소임을 맡고 있다.

화엄경 독경본 7

초판 1쇄 인쇄 2026년 3월 20일 | **초판 1쇄 발행** 2026년 3월 30일
옮긴이 관허 수진 | **펴낸이** 김시열
펴낸곳 도서출판 운주사

(02832) 서울시 성북구 동소문로 67-1 성심빌딩 3층

전화 (02) 926-8361 | 팩스 0505-115-8361

ISBN 978-89-5746-918-7 04220   값 18,000원

ISBN 978-89-5746-674-2 (세트)

http://cafe.daum.net/unjubooks 〈다음카페: 도서출판 운주사〉